Swantje Ehlers

Lesen als Verstehen

Zum Verstehen fremdsprachlicher literarischer Texte
und zu ihrer Didaktik

Fernstudieneinheit 2

Fernstudienprojekt
zur Fort- und Weiterbildung
im Bereich Germanistik
und Deutsch als Fremdsprache

Teilbereich Deutsch als Fremdsprache

Kassel • München • Tübingen

LANGENSCHEIDT

Berlin · München · Wien · Zürich · New York

Fernstudienprojekt des DIFF, der GhK und des GI
allgemeiner Herausgeber: Prof. Dr. Gerhard Neuner

Herausgeber dieser Fernstudieneinheit:
Prof. Dr. Gerhard Neuner, Gesamthochschule Kassel

Im Fernstudienprojekt „Deutsch als Fremdsprache und Germanistik" arbeiten das
Deutsche Institut für Fernstudien an der Universität Tübingen (DIFF), die Gesamthochschule Kassel Universität (GhK) und das Goethe-Institut München (GI) unter Beteili-
gung des Deutschen Akademischen Austauschdienstes (DAAD) und der Zentralstelle
für das Auslandsschulwesen (ZfA) zusammen.

Das Projekt wird vom Bundesminister für Bildung und Wissenschaft (BMBW) und dem
Auswärtigen Amt (AA) gefördert.

 Dieses Symbol bedeutet „Verweis auf andere Fernstudieneinheiten"

* mit diesem Zeichen versehene Begriffe werden im Glossar erklärt

Druck:	5.	4.	3.	2.	1.	Letzte Zahlen
	96	95	94	93	92	maßgeblich

Titelgrafik: Friedrich Block
Satz und Gestaltung (DTP): Uli Olschewski
Druck: Druckhaus Langenscheidt, Berlin
Printed in Germany: ISBN 3 - 468 - **49678** -8

Inhalt

Einleitung

Lieber fremdsprachiger Leser,

diese Studieneinheit wendet sich an Sie, den Leser, für den die deutsche Literatur eine fremde ist und der gerne mehr von dieser Literatur verstehen möchte, der nach Mitteln und Wegen sucht, um sich diese Literatur und ihre Inhalte erschließen zu können, der neugierig ist und offen für Neues. Vor allem aber wendet sie sich an den, der gerne liest und der lernen möchte, wie man fremdsprachliche literarische Texte lesen kann, daß sie sich in ihrer Eigenheit und ihrem fremden Zauber entfalten können.
Diese Studieneinheit wendet sich auch an den, der wissen möchte, wie er in seinem Unterricht mit literarischen Texten arbeiten kann, um sie seinen Studenten/Schülern näherzubringen, daß sie mehr und besser verstehen.
Und damit bin ich schon bei den zwei Schlüsselbegriffen dieser Studieneinheit: dem Leser und seinem Verstehen.

Was heißt ‚Verstehen'? Und was tut der Leser, um zu verstehen?
Das sind die Leitfragen, die schrittweise behandelt werden.
Lesen ist eine Verstehenstätigkeit, die darauf zielt, sinnvolle Zusammenhänge zu bilden. Sie wird auf der einen Seite gesteuert von dem Text und seiner Struktur*, auf der anderen Seite von dem Leser, der sein Vorwissen, seine Erfahrung, seine Neigungen und sein Interesse an einen Text heranträgt.
Das Gespräch zwischen Text und Leser ist das Thema, das sich durch die Studieneinheit zieht. Die Faktoren, die dieses Gespräch beeinflussen, werden in den einzelnen Kapiteln herausgearbeitet und auf ihre lesedidaktische Bedeutung hin geprüft.

Alle Kapitel sind so aufgebaut, daß zuerst von einem literarischen Text ausgegangen wird, um in der Auseinandersetzung mit ihm aufzuzeigen, wie ein Leser zu bedeutungsvollen Zusammenhängen gelangen kann und wovon seine Tätigkeit im einzelnen gelenkt wird. Im letzten Teil eines jeden Kapitels wird dann der Frage nachgegangen, welche Folgen die zuvor gewonnenen Einsichten für den fremdsprachlichen Literaturunterricht haben.

Was will diese Studieneinheit?

- Sie möchte Einblick geben in lesetheoretische Zusammenhänge.

- Sie möchte ein wenig von der Vielfalt literarisch-ästhetischer* Spielregeln und Techniken vermitteln, die literarische Texte benutzen, um den Leser und seine Verstehenstätigkeit zu lenken.

- Sie möchte ebenfalls deutlich machen, daß literarische Strategien* und Darstellungstechniken konventionalisiert sind und daß ein Leser diese Konventionen* kennen muß.

- Sie möchte ein kleines Repertoire an Deutungs- und Gesprächsmöglichkeiten entwickeln.

- Sie möchte Anregungen geben für den fremdsprachlichen Literaturunterricht.

- Sie möchte Möglichkeiten öffnen, wie man mit Texten arbeiten kann.

- Sie möchte zur Diskussion auffordern und jeden Leser ermutigen, sich selbst mit seinen Erfahrungen und Neigungen einzubringen.

- Aber sie legt auch Wert darauf klarzumachen, daß das Verstehen von Texten nicht beliebig ist, sondern daß man die ihnen eigene Sprache kennen muß, um mit ihnen „sprechen" zu können.

Lesen und Verstehen kann man lernen, und nach meiner Auffassung sind die Texte selbst die besten Lehrmeister - sie zeigen dem Leser vielfältige Wege des Verstehens und Deutens (= h e r m e n e u t i s c h e * Wege). Sie enthalten in dem Sinne ihre V e r s t e h e n s l e h r e , die ich mit Ihnen gemeinsam aufdecken möchte.

<u>Benutzerhinweise:</u>

Da einzelne Fragestellungen, Begriffe und Zusammenhänge schrittweise von Kapitel zu Kapitel entwickelt werden und somit aufeinander aufbauen, sollten Sie als Leser sich von dieser Studieneinheit - von mir also - zunächst führen lassen und der Spur der einzelnen Gedanken folgen.

Es beginnt ganz leicht und mit einfachen Texten, und es wird zunehmend schwieriger. Ich habe moderne und ältere Texte ausgewählt. Sie werden immer wieder auf kleine und größere Aufgaben stoßen, die Sie dazu auffordern, sich Ihre eigenen Gedanken zu machen und Sie somit zu immer neuen Verstehens- und Deutungshandlungen veranlassen möchten.

Am Ende der Studieneinheit stehen die Lösungen zu den einzelnen Aufgaben, die Sie dann nachschlagen können. Im „Reader" finden Sie neben den verwendeten Texten noch zusätzliches Material zur Literaturgeschichte und zur Biographie der Autoren bzw. Autorinnen.

Abschließend bleibt mir noch zu sagen: Es gibt <u>nicht *eine* Wahrheit, nicht *eine* Sichtweise und nicht *eine* Deutung</u>. Wo immer ich hier meinen Standpunkt, meine Art, die Dinge zu sehen und die Texte zu deuten, hereingetragen habe, stelle ich diese auch zur Diskussion und öffne mich dem Gespräch mit Ihnen, dem fremdsprachigen Leser.

1 Verstehen

Ziel

Was heißt es, einen literarischen Text zu verstehen? Was soll verstanden werden? Welche Voraussetzungen braucht ein Leser, um einen Text zu verstehen?

Von diesen Fragen möchte ich im folgenden Kapitel ausgehen, um dem Leser einen Einstieg in die Thematik der gesamten Studieneinheit zu geben. Es sollen ihm jene Grundlagen vermittelt werden, die eine sinnvolle Planung des Literaturunterrichts erst ermöglichen. Zunächst möchte ich an einem kleinen Textbeispiel einige Begriffe und Vorgänge aufzeigen, die bestimmend sind für das Lesen und Verstehen von Texten. Bitte lesen Sie den folgenden Text von Hans Manz:

Text

Verstehen

Du bist noch zu klein, um das zu verstehen,
das kannst du noch nicht verstehen,
nein, das verstehst du nicht,
verstehst das nicht,
noch nicht,
verstanden!!!

Manz (1974), 12

Dieser Dialog verweist auf eine bestimmte Situation.

Aufgabe 1

> *1. Konnten Sie sich beim Lesen dieses Textes die Situation vorstellen?*
>
> *2. Können Sie sagen, wer zu wem spricht, in welchem Tonfall, mit welcher Geste, warum er so spricht und mit welcher Absicht?*

Ich jedenfalls habe die Situation genau vor Augen, wie ein Erwachsener zu einem Kind spricht.

Ich höre fast, wie er die einzelnen Sätze und Wörter ausspricht; wie er sie betont, vielleicht sogar, welches Gesicht er dabei macht und welche Geste er mit der Hand und dem Arm ausführt. Ich kann mir das deshalb so genau vorstellen, weil es typisch ist für ein bestimmtes Verhalten Erwachsener gegenüber Kindern in einer bestimmten Situation. Dieses Verhalten zeigt sich in einzelnen Formulierungen wie „Du bist noch zu klein, um das zu verstehen" oder „Nein, das verstehst du nicht".

Es gibt viele Gründe, warum Erwachsene so sprechen. Vielleicht ist es etwas, was ein Kind tatsächlich noch nicht versteht oder nicht wissen soll. Oder die vielen Fragen des Kindes sind ihnen lästig, und sie werden ungeduldig. Vielleicht haben sie keine Zeit oder wollen sich keine Zeit nehmen, um einem Kind etwas zu erklären.

In diesen Äußerungen spiegelt sich nicht nur ein äußeres Verhalten wie Tonfall und Gestik, sondern auch eine innere Einstellung gegenüber Kindern.

Alles, was Sie und ich bisher über den Text gesagt haben, steht nicht direkt darin. Es werden lediglich einzelne Äußerungen aneinandergereiht, die uns, den Lesern, die zugrundeliegende Situation anzeigen. Es wird nicht gesagt, wer zu wem spricht, warum und weshalb, in welchem Ton und mit welcher inneren Einstellung. Und dennoch können wir all diese Fragen beantworten.

Ein Leser kann auch noch mehr aus diesem Text herauslesen. Er weiß, daß literarische Texte im allgemeinen eine Pointe* haben, einen Hauptgedanken, um den das Ganze kreist und der einen Text erst interessant und lesenswert macht für den Leser.

Haben Sie eine Vermutung, worin die Pointe dieses Textes bestehen könnte? Ja? Nein? Unsicher?

Dann gehen Sie weiter mit mir, daß wir die Pointe gemeinsam finden.

Schauen wir uns den Text noch einmal genauer an. Er enthält einzelne Äußerungen, die zunächst alle dasselbe sagen, nämlich jemand ist der Meinung, ein anderer würde etwas nicht verstehen. Wer was nicht versteht, erfahren wir nicht; auch nicht, wer hier spricht. In jeder Zeile wird die Aussage etwas anders ausgedrückt. „Nein, das verstehst du nicht" klingt unwilliger, bestimmter, ärgerlicher und vielleicht aggressiver als „Du bist noch zu klein, um das zu verstehen". Zu der Inhaltsaussage, daß jemand nicht versteht, kommen Nebentöne – sogenannte Konnotationen* – hinzu, die sehr viel über den Sprecher und sein jeweiliges Verhalten aussagen. Mit jeder Zeile wird der Tonfall des Sprechers unfreundlicher und drohender gegenüber dem Angesprochenen, dem Kind, bis zu dem abschließenden „Verstanden!!!", mit dem der Sprecher autoritativ jedes weitere Gespräch beendet. Dieses „Verstanden!!!" steht inhaltlich im Widerspruch zu der vorhergehenden Behauptung, daß der andere nicht versteht. Darin liegt auch der Witz (= die Pointe) dieses Textes.

Doch außer der Situation und der Pointe enthält dieser Text noch etwas. Der Autor möchte mit der Charakterisierung des Verhaltens von Erwachsenen etwas ausdrücken. Er hat eine Absicht (= I n t e n t i o n *), mit der er diesen Text geschrieben hat.

Aufgabe 2

> *1. Was meinen Sie, was möchte der Autor mit diesem Text ausdrücken?*
>
> *2. Wie sieht er den Erwachsenen und sein Verhalten gegenüber Kindern?*

Weder die Pointe noch die Perspektive* des Autors werden dem Leser direkt mitgeteilt, und dennoch erfaßt er sie.

Wie kommt nun ein Leser dazu, all diese Bedeutungsaspekte wie Situation, Pointe, Autorenperspektive aus dem Text herauszulesen?

Die im Text verwendeten Äußerungen charakterisieren eine alltägliche Situation, in der ein Erwachsener auf belehrende und besserwisserische Weise zu einem Kind spricht. Ein Leser, der ein solches Verhalten von Erwachsenen kennt, kann die einzelnen Äußerungen sofort einordnen und auf die entsprechende Situation beziehen. Dadurch erst werden sie sinnvoll und verständlich. Das kann der Leser aber nur tun, weil er erstens die Sprache kennt und somit die Äußerungen versteht und weil er zweitens ein Wissen mitbringt über Erwachsene und ihr Verhalten gegenüber Kindern.

Aufgrund seines Sprachwissens, seiner Erfahrungen und seines Vorwissens interpretiert* der Leser die einzelnen Äußerungen und erfaßt die beschriebene Situation, die Pointe und die Kritik des Autors an solchen Erwachsenen.

Da aber jeder Leser wiederum eine andere Vorstellung von der Wirklichkeit hat, wird er den Text jeweils auf sein Bild von Wirklichkeit beziehen, so daß unterschiedliche Deutungen entstehen. Der eine empfindet das „Verstanden!!!" als besonders hart und bedrohlich; der andere empfindet es eher als komisch, und der dritte lehnt die im Text enthaltene Kritik des Autors ab.

Jeder Leser trägt somit etwas von sich hinein und bewertet dementsprechend auch den Text.

Kommt ein Leser aus einer anderen Kultur und ist mit der Wirklichkeit, auf die der Text sich bezieht, nicht ganz vertraut, dann erkennt er vielleicht die Nebentöne und die Kritik des Autors nicht.

Aufgabe 3

> - *Wie ist es mit Ihren Schülern?*
> - *Würden Ihre Schüler die Gesprächssituation, die Charakterisierung des Erwachsenen und die Kritik an dessen Verhaltensweisen erfassen?*

Wenn Sie die zu Anfang gestellten Fragen beantworten konnten, dann haben Sie bereits vier Verstehensstufen durchlaufen:

1. Sie haben den Inhalt der einzelnen Äußerungen verstanden.
2. Sie haben aufgrund dieser Äußerungen und ihrer Konnotationen die zugrundeliegende soziale Situation mit den charakteristischen Verhaltensmerkmalen von Erwachsenen erkannt.

3. Sie haben aufgrund der Situation und des inhaltlichen Widerspruches (Nicht-Verstehen – Verstanden) die Pointe des Textes abgeleitet.
4. All diese Aspekte* zusammen haben es Ihnen ermöglicht, die Kritik des Autors zu erkennen und damit die Gesamtintention des Textes zu erfassen.

Mit jeder Stufe bilden Sie einen neuen Zusammenhang; Sie dringen damit tiefer in den Text ein und verstehen mit jedem Zusammenhang mehr.
Wenn man will, kann man noch einen Schritt weitergehen, indem man nun den Text verläßt und seine Aussage verallgemeinert, d.h. allgemein über Erwachsene und Kinder in dieser und/oder Ihrer Gesellschaft spricht. Möglicherweise kann man auch vergleichen. Man hätte dann eine weitere Verstehensstufe:

5. Verallgemeinerung des Textes und Einordnung in den entsprechenden gesellschaftlichen Zusammenhang. Vergleichen mit und/oder Abgrenzen von der Gesellschaft des jeweiligen fremdsprachigen Lesers.

Die Unterscheidung von Verstehensstufen ist wichtig für den Unterricht, denn mit jeder Stufe muß ein Leser mehr wissen und mehr können, um zu verstehen. Das wörtliche Verstehen der einzelnen Äußerungen ist leichter und stellt weniger Anforderungen an den Leser als das Erfassen der Pointe und der Gesamtintention des Textes. Andererseits muß ein Leser erst einmal den Text wörtlich verstehen, bevor er die Pointe und die übergeordnete Absicht versteht. Somit spiegeln die einzelnen Verstehensstufen unterschiedliche Fähigkeiten (= K o m p e t e n z e n *) eines Lesers. Ein muttersprachiger Leser wird wahrscheinlich mit einem Blick die verschiedenen Aspekte des Textes erfassen, weil er über das notwendige Sprachwissen und entsprechende Sachkenntnisse verfügt. Aber Ihre Schüler können das nicht unbedingt. Sie wollen ja erst lernen, einen fremdsprachlichen Text zu verstehen.
Hier können wir schon eine erste Regel für den Unterricht aufstellen: Gehen Sie vom Einfachen zum Schwierigen und vom Einzelnen zum Übergeordneten.

Zusammenfassung

1. Wir lesen und verstehen in einem literarischen Text sehr viel mehr als in ihm direkt ausgesagt ist. Selbst ein so kleiner und sprachlich einfacher Text wie dieser von H. Manz enthält eine Fülle weiterer Informationen, die zusammen erst das Bild einer komplexen Situation ergeben.

2. Ein literarischer Text beschreibt eine Situation oder ein Geschehen nicht vollständig, sondern nur in einzelnen Aspekten. Alles Gesagte verweist somit auf einen Wirklichkeitszusammenhang, der aber im Text selbst nicht unbedingt genannt wird.

3. Um einen Text zu verstehen, muß ein Leser diesen Wirklichkeitszusammenhang erfassen. Dazu braucht er wiederum ein Wissen über die Sprache, über Texte und über die Welt (= H i n t e r g r u n d w i s s e n oder K o n t e x t w i s s e n *).

4. Ist diese Voraussetzung nicht gegeben, dann können Verstehensprobleme und/oder Verzerrungen auftreten.

5. Da jeder Leser aber mit „seinen Augen" liest, d.h. immer vor dem Hintergrund seiner Vorstellungen und Erfahrungen, entstehen unterschiedliche Deutungen.

6. Jeder literarische Text enthält verschiedene Bedeutungsebenen, für deren Verständnis ein Leser unterschiedliche Verstehensleistungen erbringen muß.

7. Diese Verstehensstufen können jeweils Lehr- und Lernziele für den Literaturunterricht bilden, auf die ein Lehrer schrittweise hinführen kann.

2.1 Der Leser als Mitspieler

Während des Lesens ordnen wir fortlaufend einzelne Mitteilungen in Zusammenhänge ein; das kann eine soziale Situation sein, ein Geschehen oder die Gesamtabsicht eines Autors.

Nun gibt es in literarischen Texten verschiedene Möglichkeiten, Zusammenhänge sichtbar zu machen oder zu verschlüsseln. Dementsprechend lesen sich manche Texte leicht und flüssig, weil alles Gelesene sich sofort in Bilder und Gedanken umsetzt. Andere dagegen lesen sich schwerer; der Leser muß vielleicht in der Lektüre innehalten, zurückblättern und darüber nachdenken, was wohl gemeint sein könnte.

Im folgenden möchte ich mit Ihnen der Frage nachgehen, wie eigentlich Zusammenhänge entstehen und welchen Anteil der Leser daran hat.

Ziel

Lesen Sie einmal den Anfang des folgenden Prosatextes von Reiner Kunze und überlegen Sie:

Wer sagt .... ?

Was ....?

Wie ....?

Worüber ....?

Aufgabe 4

Hinweis:

In dem Text kommt die Redewendung „nichts auf die Meinung anderer geben" vor. Das bedeutet: Die Meinung anderer ist einem nicht wichtig; man beachtet sie nicht. Für „lässig" kann man auch sagen: „locker" oder „leger". Das Verb „unterschreiben" wird hier reflexiv gebraucht. Das bedeutet: Sie haben nicht nur mit ihrem Namen unterschrieben, sondern mit ihrer ganzen Person.

Fünfzehn

Sie trägt einen Rock, den kann man nicht beschreiben, denn schon ein einziges Wort wäre zu lang. Ihr Schal dagegen ähnelt einer Doppelschleppe: lässig um den Hals geworfen, fällt er in ganzer Breite über Schienbein und Wade. (Am liebsten hätte sie einen Schal, an dem mindestens drei Großmütter zweieinhalb Jahre gestrickt haben - eine Art Niagara-Fall aus Wolle. Ich glaube, von einem solchen Schal würde sie behaupten, daß er genau ihrem Lebensgefühl entspricht. Doch wer hat vor zweieinhalb Jahren wissen können, daß solche Schals heute Mode sein würden. Zum Schal trägt sie Tennisschuhe, auf denen sich jeder ihrer Freunde und jede ihrer Freundinnen unterschrieben haben. Sie ist fünfzehn Jahre alt und gibt nichts auf die Meinung uralter Leute – das sind alle Leute über dreißig.

Könnte einer von ihnen sie verstehen, selbst wenn er sich bemühen würde? Ich bin über dreißig.

Text

Kunze (1976), 27

Auch in diesem Textabschnitt bleibt vieles ungesagt, was der Leser mitlesen muß, damit die einzelnen Mitteilungen verständlich werden. Man kann sich diesem unausgesprochenen Zusammenhang nähern, indem man zunächst von den oben genannten Fragen ausgeht.

Der Autor beschreibt schrittweise, was dieses Mädchen trägt, wie es sich verhält, welche Einstellung es gegenüber Erwachsenen hat. Während des Lesens fügen sich diese Einzelteile zusammen zu dem äußeren Erscheinungsbild eines fünfzehnjährigen Mädchens. Damit ist ein erster Zusammenhang entstanden.

Mit dem Äußeren charakterisiert der Autor jedoch nicht allein dieses eine Mädchen, sondern er stellt einen bestimmten Typ von Jugendlichen dar.

Aufgabe 5

> *Beantworten Sie bitte folgende Fragen:*
>
> *1. Was ist typisch jugendlich an diesem Mädchen?*
>
> *2. Ist Ihnen dieses Verhalten vertraut?*
>
> *3. Verhalten sich Jugendliche in Ihrem Land ähnlich?*
>
> *4. In welche Zeit (50er, 60er... Jahre) und in welche Gesellschaft (westeuropäisches Land, amerikanisches Land ... etc.) würden Sie dieses Mädchen einordnen?*

Was immer Sie jetzt geantwortet haben, Ihre Antworten stehen nicht selbst im Text. Im Text werden nur die äußeren Merkmale eines Mädchens beschrieben. Diese signalisieren dem Leser zeitliche und gesellschaftliche Zusammenhänge, so daß er über den Text hinausgehen kann und dieses Mädchen als einen bestimmten Typ einer Jugendlichen in den entsprechenden gesellschaftlichen Zusammenhang einordnen kann. Aufgrund unseres allgemeinen Wissens über Jugendliche und ihr Verhalten können wir an konkreten Einzelheiten wie Rock, Schal und Turnschuhen das Typische erkennen.

Wenn Sie Unterschiede und/oder Gemeinsamkeiten zu Jugendlichen in Ihrem Land entdeckt haben, dann ordnen Sie dieses Mädchen in einen noch umfassenderen Zusammenhang ein, in dem Sie die Welt des Textes Ihrem eigenen kulturellen und gesellschaftlichen Zusammenhang gegenübergestellt haben. Bestehen z.B. Unterschiede in der Kleidung und im Verhalten zu Jugendlichen in Ihrem Land, so erhält dieses Mädchen für Sie vielleicht noch eine zusätzliche Kennzeichnung: ein „deutsches" Mädchen; ein Mädchen „in einer westlich-europäischen Gesellschaft". Für mich ist dieser Kontext so selbstverständlich, daß ich ihn nicht extra benennen würde. Sie jedoch würden durch eine solche Kennzeichnung den Zusammenhang, in dem dieses Mädchen steht und der für Ihr Verständnis wichtig ist, hervorheben und zugleich von Ihrer Erfahrungswelt abgrenzen. Sie tragen damit eine andere Perspektive an den Text heran als ein deutschsprachiger Leser (= P e r s p e k t i v e des realen fremdsprachigen Lesers).

Bisher haben wir uns vor allem dem T e x t i n h a l t zugewandt und wie sich dieser für einen fremdsprachigen Leser vor dem Hintergrund seiner Erfahrung beleben könnte. Doch geht es in einem literarischen Text nicht nur um das, was dargestellt wird, sondern vor allem auch darum, wie etwas dargestellt wird.

Ich kann z.B. sagen „Der Schal ist sehr lang." oder „Der Schal ist so lang, daß er fast bis zum Boden fällt." oder wie es im Text heißt: „Ihr Schal dagegen ähnelt einer Doppelschleppe...".

Im Kern sagen alle diese Sätze, daß der Schal lang ist, aber sie sagen es jeweils anders und vermitteln damit Nebenbedeutungen, die ein Leser miterfassen muß. Je nachdem, wie etwas gesagt wird, drückt ein Autor unterschiedliche Wertungen aus. Die sprachlichen Ausdrucksmittel (= S t i l m i t t e l) zeigen somit die Perspektive, die der Autor gegenüber dem Mädchen einnimmt.

Aufgabe 6

> *1. Was meinen Sie: Wie sieht der Autor das Mädchen? – Kritisch, distanziert, wohlwollend, positiv, negativ, liebevoll, ironisch, interessiert, mit Sympathie, mit Abstand ...etc.?*
>
> *Bitte begründen Sie auch Ihre Meinung.*
>
> *2. Worin drückt sich die Einstellung des Autors gegenüber dem Mädchen aus? – In welchen direkten Aussagen und in welchen sprachlichen Formulierungen?*

Ich habe einigen Deutschen die gleiche Frage gestellt. Hier sind einige Antworten, die Sie einmal mit den Ihren vergleichen können:

1. Eher negativ.

2. Sehr positiv, findet aber keinen Zugang zu ihr. Vielleicht ist es seine Tochter.

3. Mit Abstand und Sympathie.

4. Wohlwollend – steht darüber. Obwohl er die Mode nicht gut findet.

5. Liebevoll und humorvoll, glaubt sie einerseits zu kennen, hat aber auch seine Zweifel.

6. Er beschreibt sie mit einem Anteil von Distanz und versteckter Wertung.

7. Er kann sie nicht verstehen.

8. Interessiert, neugierig, betrachtend.

Diese Antworten zeigen ganz deutlich, wie unterschiedlich Texte auf einen Leser wirken können und von ihm interpretiert werden. Zwar sind sich alle Leser darüber einig, daß Einstellungen des Autors mitschwingen, aber sie beantworten die Frage, welche Einstellungen, unterschiedlich: Die einen bewerten seine Haltung als eher negativ; die anderen positiv; die dritten wiederum stehen dazwischen. Das heißt, jeder Leser liest von seiner Position her: Alter, Geschlecht, hat selbst eine Tochter ... etc.

Aufgabe 7

Was meinen Sie, wer hat welche der acht Antworten gegeben?

Person	*Äußerung*
Andrea: 31 Jahre alt, weiblich wiss.Mitarbeiterin, ohne Kinder	
Kerstin: 25 Jahre alt, weiblich, wiss.Mitarbeiterin, ohne Kinder	
Michael: 40 Jahre alt, männlich, wiss. Mitarbeiter, ohne Kinder, unverheiratet	
Monika: 27 Jahre alt, weiblich, gerade das Germanistik-Studium beendet, ohne Kinder	
Peter: 50 Jahre alt, Professor, verheiratet, 1 Tochter, 1 Sohn	
Bärbel: 28 Jahre alt, weiblich, wiss. Mitarbeiterin, ohne Kinder	
Renate: 40 Jahre alt, weiblich, wiss. Mitarbeiterin, unverheiratet, ohne Kinder	
Sven: 36 Jahre alt, männlich, wiss. Mitarbeiter, verheiratet, 1 Sohn	

Wie kommen unterschiedliche Deutungen bei Lesern zustande?
R. Kunze verwendet bestimmte Stilmittel wie Übertreibung – z.B. „an dem mindestens drei Großmütter zweieinhalb Jahre gestrickt haben" – und Vergleiche wie z.B. „ähnelt einer Doppelschleppe" und erzeugt damit viele Nebenbedeutungen, die je nach Leser unterschiedlich interpretiert werden können. Dabei spielen Sprachgefühl und Sensibilität ebenso eine Rolle wie der persönliche Erfahrungshintergrund und das Kontextwissen (Kenntnisse über den Autor, seine Ansichten... etc.) eines Lesers.
Wie der persönliche Erfahrungshintergrund eine Textdeutung beeinflussen kann, möchte ich kurz an der Reaktion einer Deutschen zeigen. Sie selbst wurde in ihrer

Jugendzeit ständig von ihren Eltern kritisiert. Was immer sie trug, es gefiel ihnen nicht und wurde nicht geduldet. Vor diesem Hintergrund empfand sie die Haltung des Autors als sehr positiv, da er die Mode zwar nicht gut findet, aber das Mädchen doch läßt. Ihre Antwort lautete dementsprechend: „Er sieht das Mädchen wohlwollend – obwohl er die Mode nicht gut findet."

Aufgabe 8

> *Wenn Sie möchten, vergleichen Sie Ihre Antworten auf die Aufgabe 6 einmal mit denen von anderen Lesern. Vielleicht entdecken Sie, wie Ihre persönlichen Erfahrungen und Interessen Ihre Meinung beeinflußt haben.*

In literarischen Texten geht es also nicht nur darum, was aus welcher Perspektive dargestellt wird (Autoren- bzw.Erzählerperspektive), sondern auch darum, in welche Beziehung der Leser zu dem Dargestellten wie zu dem Autor/Erzähler gebracht wird (Leserperspektive). Texte bewirken etwas in einem Leser; sie sprechen seine Gefühle an und erzeugen Reaktionen auf bestimmte Figuren und Geschehnisse.

Aufgabe 9

> *Wie ist das bei Ihnen?*
>
> *1. Wie finden Sie das Mädchen?*
> - *gefällt mir*
> - *gefällt mir nicht*
> - *ist nicht mein Typ*
> - *wirkt fröhlich*
> - *ist unkonventionell*
> - *...*
> *2. Wer ist Ihnen sympathischer – der Autor oder das Mädchen?*
> *3. Oder sind Ihnen beide gleichgültig bzw. fern/fremd?*
>
> *Falls Sie in einer Gruppe zusammenarbeiten, vergleichen Sie Ihre Antworten. Sprechen Sie über Ihre Leseerfahrungen.*

Je nachdem, wer Sie sind, wie dieser Text Sie anspricht, welche Gefühle, Assoziationen und Einstellungen bei Ihnen wachgerufen werden, werden Sie das Mädchen und den Autor einordnen und bewerten. Ihre S u b j e k t i v i t ä t * fließt fortwährend in die Zusammenhänge ein, die Sie in der Auseinandersetzung mit dem Text bilden. Damit haben wir auch die Antwort auf die Ausgangsfrage dieses Abschnittes:
Die·Unterschiedlichkeit von Deutungen beruht einerseits darauf,

a) daß literarische Texte ihre Zusammenhänge offenlassen und damit dem Leser den Spielraum lassen, sich selbst mit seinen Erfahrungen, Wertorientierungen und Neigungen einzubringen;
b) zum anderen hängt sie davon ab, wer den Text liest und welche Erfahrungen und Vorkenntnisse (= V o r v e r s t ä n d n i s s e) er heranträgt.

Ein jugendlicher Leser wird diesen Text anders lesen als ein Erwachsener. Vielleicht kann er sich mit dem Mädchen identifizieren* und wird daher wenig Verständnis für den Autor aufbringen. Ein Erwachsener wiederum könnte sich eher in dem Autor und seiner Distanz gegenüber dem Mädchen wiederfinden.
Die Art und Weise, wie literarische Texte den Leser ansprechen, ihn in ein Geschehen hineinziehen und ihn beeinflussen wollen, ist sehr unterschiedlich. Im 18.Jahrhundert hat man dafür andere Mittel verwendet als in der Gegenwart. In Ihrer Kultur mag der Leser wiederum anders angesprochen werden als in meiner. Darin zeigen sich jeweils gesellschaftliche und kulturelle Erfahrungsmuster. Die Leseerfahrung, die Sie selbst mit einem fremdsprachlichen Text machen, kann Ihnen einen Verstehenszugang zu fremden Erfahrungsmustern öffnen. Sie hat somit eine Verstehensfunktion, die vor allem für den Literaturunterricht eine wichtige Rolle spielt – wie wir noch sehen werden.

1. Verstehen heißt, einzelne Informationen eines Textes in Zusammenhänge einordnen. Dadurch erst entsteht Sinn.

2. Diese Zusammenhänge stehen nicht direkt im Text. Der Text gibt dem Leser nur Hinweise auf zugrundeliegende Zusammenhänge.

3. Eine Grundlage für den Leser, um Zusammenhänge zu bilden, ist folgendes:
   - <u>was</u> in einem Text <u>worüber</u> gesagt wird (= T e x t i n h a l t)
   - aus welcher P e r s p e k t i v e dargestellt/erzählt wird
   - mit welcher A b s i c h t.

Dabei gibt der Leser immer etwas von sich hinein. Er wird gleichsam zum Mitspieler des Textes.

4. In dem Text von R.Kunze entsteht
   a) ein inhaltlich-thematischer Zusammenhang durch die Typisierung des Mädchens,
   b) ein zweiter Zusammenhang durch die Perspektive des Autors,
   c) ein dritter durch den Bezug zum Leser.

5. In die Bildung dieser Zusammenhänge fließen fortlaufend subjektiv-emotionale Faktoren des Lesers ein. Wichtig ist nicht nur, <u>was</u> ein Leser versteht bzw. verstehen sollte, sondern auch <u>wie</u> er versteht.

6. Jeder Leser versteht einen Text nur vor dem Hintergrund seiner Erfahrungen und seiner Weltsicht. Dieses Vorverständnis oder Vorurteil, wie es H.-G. Gadamer (1975, 250 ff.) nennt, kann allerdings zu Mißverständnissen führen.
   Vorurteile machen oft blind. Man projiziert* nur die eigene Welt in den fremden Text hinein. Das aber wäre kein Lernen, kein Sehen und kein Verstehen.

7. Um derartigen Verzerrungen vorzubeugen, sollte man immer wieder zu dem Text zurückkehren, genau lesen und prüfen, ob die eigenen Deutungen angemessen sind.

8. Doch bei aller Unterschiedlichkeit von Rezeptionen* und Leseerfahrungen beruhen diese Deutungen auf den unterschiedlichsten literarischen Spielregeln. In der Art, wie der Leser angesprochen und miteinbezogen wird, spiegeln sich Seh- und Erfahrungsmuster eines bestimmten kulturellen Raumes.

9. Die Reaktion des Lesers auf einen Text zeigt einmal, <u>wie</u> ein Leser versteht, zum anderen auch wie <u>weit</u> ein Leser einen Text und seine Wirkungen und Absichten versteht. Durch Selbstbeobachtung kann er sich die zugrundeliegenden Erfahrungsmuster des Textes erschließen.

2.2 Fragestrukturen für den Literaturunterricht

Aus den soeben getroffenen Überlegungen zu den Bedingungen und Voraussetzungen des Verstehens lassen sich F r a g e s t r a t e g i e n ableiten, mit denen Sie im Unterricht arbeiten können. Sie geben Ihnen eine Entscheidungsgrundlage dafür, wie Sie Ihre Schüler dazu befähigen können, sich einen fremdsprachlichen literarischen Text zu erschließen.

1. Welche Sinn- und Verstehensebenen enthält der Text? Verwenden Sie dabei die Fragen, die ich Ihnen bereits zur Texterschließung genannt habe:
   a) <u>Wer</u> spricht?
   b) <u>Worüber</u> wird gesprochen?
   c) <u>Was</u> wird darüber gesagt?
   d) <u>Wie</u> wird es gesagt?
   e) <u>Welche</u> Perspektive hat der Autor/Erzähler gegenüber dem, wovon er spricht?
   f) <u>Welche</u> Perspektive legt der Text dem Leser nahe – z.B. Identifikationen, Sympathien?
   g) <u>Welche</u> Perspektive hat möglicherweise der reale Leser (z. B. Ihre Lernergruppe)?

2. Was können Ihre Schüler spontan erfassen?
   Was könnte Schwierigkeiten bereiten? – Sprache, Inhalte, Konnotationen (Wertungen)?

3. Erfordert der Text ein Vorwissen, über das Ihre Schüler nicht verfügen?

4. Welche Textinhalte bieten Ihren Schülern wohl einen subjektiven* Einstieg?
   a) Worauf könnten sie emotional reagieren?
   b) Was könnte sie interessieren?
   c) Was könnte ihre Aufmerksamkeit erregen?

5. Gibt es innerhalb des Textes Anknüpfungspunkte an die Erfahrungswelt Ihrer Schüler? – Bestehen Übereinstimmungen, Ähnlichkeiten und/oder Differenzen zwischen den beiden Welten?

Aufgabe 10

> 1. Bitte lesen Sie den folgenden Textauszug aus dem Roman „Momo" von Michael Ende und
>
> 2. beantworten Sie die Fragen 1-5 in bezug auf diesen Text.

Text

Momo

Aber eines Tages sprach es sich bei den Leuten herum, daß neuerdings jemand in der Ruine wohne. Es sei ein Kind, ein kleines Mädchen vermutlich. So genau könne man das allerdings nicht sagen, weil es ein bißchen merkwürdig angezogen sei. Es hieße Momo oder so ähnlich.

Momos äußere Erscheinung war in der Tat ein wenig seltsam und konnte auf Menschen, die großen Wert auf Sauberkeit und Ordnung legen, möglicherweise etwas erschreckend wirken. Sie war klein und ziemlich mager, so daß man beim besten Willen nicht erkennen konnte, ob sie erst acht oder schon zwölf Jahre alt war. Sie hatte einen wilden, pechschwarzen Lockenkopf, der so aussah, als ob er noch nie mit einem Kamm oder einer Schere in Berührung gekommen wäre. Sie hatte sehr große, wunderschöne und ebenfalls pechschwarze Augen und Füße von der gleichen Farbe, denn sie lief fast immer barfuß. Nur im Winter trug sie manchmal Schuhe, aber es waren zwei verschiedene, die nicht zusammenpaßten und ihr außerdem viel zu groß waren. Das kam daher, daß Momo eben nichts besaß, als was sie irgendwo fand oder geschenkt bekam. Ihr Rock war aus allerlei Flicken zusammengenäht und reichte ihr bis auf die Fußknöchel. Darüber trug sie eine alte, viel zu weite Männerjacke, deren Ärmel an den Handgelenken umgekrempelt waren. Abschneiden wollte Momo sie nicht, weil sie vorsorglich daran dachte, daß sie ja noch wachsen würde. Und wer konnte wissen, ob sie jemals wieder eine so schöne und praktische Jacke mit so vielen Taschen finden würde.

Ende (1973), 9-10

Ich möchte jetzt nacheinander die fünf Punkte in ihrer didaktischen* Reichweite besprechen.

Zu Frage 1:

Sinn- und Verstehensebene: das Inhaltsverstehen

Während des Lesens sind wir zunächst auf den thematischen Leitfaden konzentriert, der uns eine erste Orientierung gibt. Wir nehmen nicht alle Bedeutungsaspekte eines Textes bei der ersten Lektüre auf, sondern wir filtern zunächst die Inhalte heraus, die thematisch wichtig sind. Wir fügen sie so aneinander, daß wir am Ende einen Gesamteindruck von dem Gelesenen haben. Wir bilden eine Ganzheit und haben damit ein erstes Gesamtverständnis des Textes (= G l o b a l v e r s t ä n d n i s *) gewonnen. Die Herstellung dieses Gesamtverständnisses könnte ein erstes Ziel im Unterricht sein. Die Frage, die auf dieses Gesamtverständnis zielt, lautet: Worum geht es in dem Text? Oder: Wovon handelt der Text bzw. die Geschichte?

Aufgabe 11

Kennen Sie noch andere Möglichkeiten, um das Globalverstehen* Ihrer Schüler herzustellen bzw. zu prüfen?

Welche wenden Sie selbst im Unterricht an?

Dieses Globalverständnis kann der Leser bei wiederholter Lektüre verfeinern, indem schrittweise weitere Aspekte des Textes berücksichtigt werden. Zunächst könnten Sie als Lehrer mit Ihren Schülern den Textinhalt aufgliedern. Dazu könnten Sie einzelne Fragen, die sich auf den Inhalt des Textes beziehen, besprechen. Allerdings sind nicht alle Textinhalte gleich wichtig und interessant.

Sinnvoll ist es, solche Inhaltsfragen zu stellen, die auf das Verstehen des Hauptgedankens eines Textes zielen. Daher ist es hilfreich, wenn Sie zunächst für sich den Hauptgedanken (= T h e m a) des Textes zusammenfassen.

Aufgabe 12

Prüfen Sie zunächst für sich: Worum geht es in dem Text von M.Ende?

Stellen Sie jetzt Fragen, die sich auf das leitende Thema beziehen und auf das, was direkt in dem Text mitgeteilt wird ,wie z.B.

a) Wer ist Momo?
b) Wo lebt Momo?
c) Wie sieht Momo aus?

Hinweis:
Vermeiden Sie Fragen wie „Lief Momo fast immer barfuß?".
Solche Fragen tragen nichts zum Verständnis des Textes bei. Ihre Schüler könnten die Antwort aus dem Text ablesen, ohne wirklich zu verstehen.

Ein Leser, der diese Fragen beantwortet hat, weiß schon sehr viel über die Hauptfigur Momo. Aber es gibt noch einiges, was er nicht von Momo weiß und was er vielleicht gerne wissen möchte.

Aufgabe 13

Welche Fragen stellen Sie dem Text?

Was würden Sie gerne wissen/erfahren?

Der Text wirft eine Reihe von Fragen auf, z.B. nach dem Woher und Warum, und hält damit Zusammenhänge offen. Vielleicht werden sie im weiteren Textverlauf beantwortet, vielleicht aber auch nicht. Das Aufwerfen von Fragen und damit Offenhalten von Zusammenhängen ist eine beliebte literarische Technik, deren Funktion* darin besteht, den Leser neugierig zu machen und Spannung zu erzeugen.

Fragen, die ein Text aufwirft, haben wiederum einen wichtigen <u>didaktischen Wert</u>, weil sie den Leser ansprechen und die Kommunikation* mit dem Text beleben. Ihre Schüler könnten selbst auf diese Fragen kommen und würden damit in einen eigenen Dialog mit dem Text treten.

Die motivierende und Interesse weckende Kraft solcher Fragen kann sich ein Lehrer im Unterricht zunutze machen, um seine Schüler aktiv miteinzubeziehen und den Unterricht lebendig zu gestalten.

Aber gehen wir noch einmal zum Text zurück und versuchen, noch weitere Aspekte zu integrieren wie z.B. „die Leute" und ihre Reaktion auf Momo.

<u>Aufgabe 14</u>

> *Wie würden Sie fragen, um diesen Aspekt – „die Leute" – in das Unterrichtsgespräch miteinzubeziehen und damit Ihre Schüler zu veranlassen, den Roman weiterzulesen?*

Nachdem wir den Gegenstandsbereich des Textes, das Dargestellte, aufgefächert haben, können wir uns einer weiteren Verstehensstufe zuwenden, der P e r s p e k t i v e   d e s   E r z ä h l e r s .

<u>Aufgabe 15</u>

> 1. *Formulieren Sie bitte eine Frage, die sich auf die Perspektive des Erzählers gegenüber Momo bezieht.*
>
> 2. *Sammeln Sie eine Reihe von sprachlichen Ausdrücken, mit denen Sie bzw. Ihre Schüler die Haltung des Erzählers beschreiben könnten/ würden.*
>
> 3. *Sammeln Sie zu Ihrer eigenen Kontrolle die Textstellen, die Ihrer Meinung nach die Perspektive des Erzählers zum Ausdruck bringen.*

<u>Zu den Fragen 2 und 3:</u>

<u>Spontanes Erfassen / Verstehensschwierigkeiten</u>

Zur Lösung dieser Fragestellungen empfehle ich Ihnen, folgende l e r n t h e o r e t i s c h e n   R e g e l n bzw. Einsichten zu beachten:

1. Man geht vom Leichten zum Schwierigen, vom Einfachen zum Komplexen und vom Konkreten zum Abstrakten.

   Gehen Sie von dem aus, was Ihre Schüler spontan und leicht verstehen – z.B. von den konkreten Inhalten. Erweitern Sie schrittweise diese Verstehensgrundlage, indem Sie

   a) vom Text ausgehen und weitere Bedeutungsaspekte thematisieren und/oder

   b) von Ihren Schülern und deren Fragen und Interessen ausgehen. Vielleicht sind Ihre Schüler noch mit „Momo" beschäftigt und interessieren sich noch nicht für den Erzähler; dann sollten Sie zunächst bei „Momo" bleiben und erst später auf die Erzählerperspektive zu sprechen kommen.

2. Wir lernen immer auf der Grundlage dessen, was wir bereits wissen. Schaffen Sie eine solche Wissens- und Verstehensgrundlage durch Vorinformationen (sprachliche wie inhaltliche), die für das Textverständnis wichtig sind, z.B. könnten Sie wichtige Wörter erklären. Vielleicht kennen Ihre Schüler „Momo" schon von dem Film her; dann könnten Sie fragen, wer „Momo" ist ... etc., und dazu die deutschen Wörter an die Tafel schreiben, bevor Sie dann den Text lesen lassen.

Subjektiver Einstieg

Da die subjektiven Erfahrungen des Lesers einen zentralen Anteil des Verstehens ausmachen, sollten Sie den Unterricht so gestalten, daß Ihre Schüler ihre eigenen Erfahrungen einbringen, ausdrücken und allmählich auffächern können. Das ermöglicht Ihren Schülern, sich einen fremdsprachlichen Text persönlich anzueignen, und es hat zudem noch eine l e r n p s y c h o l o g i s c h e F u n k t i o n :
Sich selbst einbringen zu können erhöht die Motivation und das Interesse am Gegenstand. Ihre Schüler sind dadurch nicht nur aufnahmebereiter, sondern sie können das Neue und Fremde auch leichter verarbeiten, indem sie es mit ihrem persönlichen Erfahrungsbereich verbinden.
Ein weiterer Aspekt betrifft die I n t u i t i o n * (= gefühlsmäßiges Erfassen): Das Verstehen läuft nicht nur über den Kopf und über Begriffe, sondern vieles erfassen wir nur gefühlsmäßig (= intuitiv). Diese intuitive Aneignung und Belebung eines Textes sollte ein weiteres Ziel und ein weiterer Gegenstand des Unterrichts sein.

Nachdem Sie festgestellt haben, worauf Ihre Schüler subjektiv reagieren könnten, überlegen Sie nun, wie Sie fragen könnten, um die subjektive Reaktion und Einstellung Ihrer Schüler zu ermitteln und in das Gespräch miteinzubeziehen.

Unterscheiden Sie dabei

a) Reaktionen auf Teile des Textes,
b) Reaktionen auf den Text insgesamt.

Aufgabe 16

Zu Frage 5:

Anknüpfungspunkte an die Erfahrungswelt Ihrer Schüler

An die Erfahrungswelt Ihrer Schüler anzuknüpfen folgt einer hermeneutischen Einsicht (s. S. 13 Punkt 6) und einer lerntheoretischen:
Man lernt und versteht vor dem Hintergrund des Vertrauten. In der Begegnung mit fremden Texten und Welten wird man die eigenen Kategorien überprüfen müssen und das eigene „Vorurteil" einschränken lernen, um sich allmählich neue Kategorien aneignen zu können.

3.1 Lesen als Tätigkeit

Bisher haben wir anhand von Textauszügen, in denen Situationen und Personen im Mittelpunkt standen, einige Bedingungen und Voraussetzungen des Verstehens entwickelt. Das Hauptmerkmal der erzählenden Literatur besteht jedoch darin, daß in ihr <u>Geschichten</u> erzählt werden. Welche Verstehensleistungen Geschichten von einem Leser erfordern, möchte ich mit Ihnen an einer kurzen Geschichte „Unverhofftes Wiedersehen" aus dem „Schatzkästlein des rheinischen Hausfreundes" (1811), einer Anekdotensammlung von Johann Peter Hebel, gemeinsam erarbeiten. Hebel (1760 bis 1826) wollte mit seinen Geschichten vor allem einfache und sozial bescheiden lebende Menschen ansprechen, deren Leben und Probleme er schildert.

Je nachdem, was ein Erzähler mit seiner Geschichte mitteilen und was er bei einem Leser erreichen möchte, gliedert er seine Geschichte in kleinere und größere Einheiten. Äußerlich erkennt man sie an Absätzen und Kapiteleinteilungen.

J.P. Hebel hat die innere Gliederung seiner Geschichte nicht durch Absätze gekennzeichnet.

Für die Unterstützung des Verstehens im Literaturunterricht aber ist so eine Gliederung des Textes durchaus sinnvoll.

Ziel *(margin)*

Aufgabe 17 *(margin)*

> 1. *Bitte lesen Sie im Reader auf S. 82 – 83 die Geschichte „Unverhofftes Wiedersehen".*
>
> 2. *Untergliedern Sie die Geschichte in größere Einheiten.*
>
> 3. *Versuchen Sie auch zu begründen, warum Sie diese Einteilung vornehmen.*
>
> 4. *Welchen Titel würden Sie jeder Einheit geben?*

Teil	Grund für Einteilung	Titel
1.		
2.		
3.		

Jede Einheit einer Geschichte hat eine bestimmte Funktion, indem sie der schrittweisen Verwirklichung einer bestimmten erzählerischen Absicht dient. Sie stellt somit eine Sinneinheit dar, die ein Leser erfassen muß, um eine Geschichte zu verstehen.

Eine Kernfrage der Erzähltextforschung (W. Haubrichs, 1977) und der Psychologie zum Geschichtenverstehen (H. Mandl, 1981) lautet:

Woher weiß ein Leser, wo eine Einheit beginnt und wo sie abgeschlossen wird? Und wodurch entsteht ein Zusammenhang innerhalb einer Einheit?

Zusammenhänge – so hatten wir bereits im zweiten Kapitel festgehalten – entstehen z.B. durch das gleiche Thema. Der W e c h s e l   e i n e s   T h e m a s (auch eines Unterthemas) ist somit ein Signal für den Leser, daß hier eine neue Einheit beginnt und die vorhergehende abgeschlossen ist.

Aufgabe 18 *(margin)*

> 1. *Findet in dieser Geschichte ein Themenwechsel statt? Wenn ja, an welcher Stelle?*
>
> 2. *Hatten Sie an dieser Stelle auch eine Untergliederung vorgenommen?*

In der erzählenden Literatur gibt es zwei zentrale Kategorien, die eine Gliederungsfunktion haben und dem Leser Hinweise geben auf Zusammengehöriges: R a u m

und Z e i t . Durch den Wechsel von Zeit und Raum wird der Erzählfluß ebenfalls untergliedert.

Aufgabe 19

> 1. *Findet in dieser Geschichte ein Wechsel des Schauplatzes (=Raumes)*
>   *statt? Wenn ja, wo?*
> 2. *Gibt es einen Zeitenwechsel (=Zeitsprung)?*
>   *Wenn ja, wo?*
> 3. *Hatten Sie an diesen Stellen die Geschichte untergliedert?*

Durch Fortdauer von Thema, Zeit und Raum entstehen jeweils lückenlose
(= k o h ä r e n t e)* Zusammenhänge eines Textes. Und umgekehrt wird durch den
Wechsel von Thema, Ort und Zeit eine Geschichte in Einheiten unterteilt.
Hebel erzählt uns die Geschichte von einem Bergmann und seiner Braut, von ihrer
Trennung und ihrer Wiederbegegnung nach vielen Jahren. In diese beiden
Geschichtenepisoden blendet er einen E x k u r s (= Ausflug) in weltpolitische
Geschehnisse ein. Hebel umreißt den Zeitraum von 1755 (Zerstörung Lissabons
durch ein Erdbeben) bis 1807 (Bombardierung Kopenhagens durch die Engländer). In
dieser Zeit war Westeuropa in verschiedene Kriege verwickelt: den Siebenjährigen
Krieg, die Napoleonischen Kriege, den Krieg Schwedens mit Rußland. Die Haupt-
daten und Ereignisse dieser Zeit werden aufgezählt: die Französische Revolution
(1789), die Belagerung Gibraltars durch Spanien und Frankreich (1779-83), der
Tod Kaiser Leopolds II. (1792) ... etc. Dieser eingeblendete Exkurs unterscheidet
sich inhaltlich-thematisch von dem vorhergehenden und dem nachfolgenden Ge-
schichtenteil und ist somit unverbunden (= i n k o h ä r e n t)*. Damit tritt die Frage
auf: Warum hat der Erzähler diesen Teil eingeschoben? Welche Funktion könnte dieser Teil in der Geschichte haben?

Aufgabe 20

> *Was meinen Sie?*
> 1. *Warum hat der Erzähler den mittleren Teil mit der allgemeinen Schil-*
>   *derung historischer und politischer Ereignisse in die Geschichte ein-*
>   *gebaut?*
> 2. *Welche Funktion könnte dieser Teil haben?*

Diese Frage ist komplex und läßt sich vielleicht nicht auf Anhieb beantworten. Halten
wir sie zunächst offen und versuchen wir, uns ihr in Teilschritten zu nähern. Dafür sind
folgende Wege bzw. L ö s u n g s s t r a t e g i e n geeignet:

Aufgabe 21

> 1. *An welcher Stelle im Gesamtaufbau der erzählten Geschichte wird dieser*
>   *Exkurs eingeflochten? Wo wird die Geschichte von dem Bergmann und*
>   *seiner Braut abgebrochen, und wo wird sie wieder aufgenommen?*
>
> 2. *Wie wirkt die Schilderung dieser politischen und historischen Ereignisse*
>   *auf Sie? Welchen Effekt hat sie bei Ihrer Lektüre? Vielleicht öffnet die*
>   *Beobachtung Ihrer Leseerfahrung Ihnen einen Zugang zu der*
>   *Problemstellung.*
>
> 3. *Was wäre anders, wenn der mittlere Teil nicht im Text stände? Würde*
>   *sich die Geschichte verändern? Hätte sie eine andere Wirkung auf Sie?*
>
> 4. *Wie könnte der mittlere Teil mit der letzten Episode zusammenhängen?*
>   *a) Bestehen Parallelen oder Gegensätze?*

> *b) Wird ein Ereignis/Geschehen durch den mittleren Teil vorbereitet/ gewichtet?*
>
> *c) Beeinflußt dieser Teil die Wirksamkeit eines Geschehnisses in der letzten Episode?*
>
> 5. *Worum geht es eigentlich in der Geschichte?*
>
> *Bilden Sie eine Hypothese * (=Vermutung) über die Absicht, mit der diese Geschichte erzählt wird. Prüfen Sie, welche Funktion der mittlere Teil für die Erzählintention hat.*

Falls Sie noch nicht ganz sicher sind, inwieweit Sie die Funktion des mittleren Teils bestimmen konnten, gebe ich Ihnen noch eine Verstehenshilfe:
Achten Sie einmal auf die Z e i t . Welche Rolle spielt die Zeit in dieser Geschichte?

Unser bisheriges Verständnis über die Erzählabsicht und die Funktion des mittleren Teils können wir im weiteren Verlauf vertiefen und gegebenenfalls verändern, indem wir uns wichtige Textstellen genauer ansehen.

Aufgabe 22

> 1. *Was sind die wichtigsten Ereignisse und Szenen in der erzählten Geschichte?*
>
> 2. *Was ist das Besondere/ Wichtige an diesen Ereignissen/Szenen?*

Wichtigste Ereignisse	das Besondere/ Wichtige daran

Anwendung eines Textes auf die gegenwärtige Situation

Oft berühren die Themen und Inhalte von erzählten Geschichten allgemeinmenschliche Erfahrungen und erreichen darum auch Leser aus anderen Zeiten und Kulturen.
Selbst wenn ein Leser bestimmte Erfahrungen in einem Text nicht selbst gemacht hat, so kann er durch die Lektüre eine für ihn fremde Erfahrung nachvollziehen und dadurch etwas Neues kennenlernen.
Ein Text aus einer anderen Kultur und einer anderen Zeit besitzt oft für den heutigen Leser eine eigene Spannkraft, und der Leser kann den Text daraufhin befragen, ob er für ihn heute noch eine Aussagekraft hat oder ob er ihn nur als historisches Dokument lesen kann. Wie ist das bei Ihnen und der Geschichte von Hebel?

Aufgabe 23

> - *Sagt die Geschichte von Hebel Ihnen etwas?*
>
> - *Spricht Sie die Thematik an?*
>
> - *Gibt es einzelne Inhalte und Themen, über die Sie gerne sprechen möchten?*
>
> - *Wenn ja, was interessiert Sie daran?*

Wenn Sie auf bestimmte Themen und Inhalte dieser Geschichte gefühlsmäßig reagieren, wenn diese auf irgendeine Weise Ihre Aufmerksamkeit auf sich ziehen, wenn diese

Geschichte eine Botschaft für Sie enthält, dann hat Ihnen diese Geschichte eine Möglichkeit geboten, sie auf sich und Ihren Lebenszusammenhang zu beziehen. Sie haben diesen für Sie zeitlich und kulturell fernen Text auf Ihre eigene Gegenwart bezogen.

Diesen Vorgang nennt H.-G. Gadamer (1975, 291) A p p l i k a t i o n * (= Anwendung). Diese Anwendung eines Textes auf die gegenwärtige Situation des Lesers ist ein Bestandteil des Verstehens. Applikation heißt jedoch nicht, daß die Geschichtlichkeit und die Eigenkulturalität eines Textes einfach übersprungen und getilgt werden bzw. werden dürfen. Ganz im Gegenteil, die Anwendung auf sich und die eigene Gegenwart setzt gerade voraus, daß ein Leser den Text in seinem geschichtlichen und kulturellen Zusammenhang sieht und erfährt.

Wodurch aber wird die Geschichtlichkeit des Hebel-Textes angezeigt? Woran erkennt der Leser, daß dieser Text einer vergangenen Zeit angehört? Woran erkennen Sie es?

Aufgabe 24

> 1. *Welche Inhalte, Themen, Situationen und Gestaltungsmittel verweisen darauf, daß diese Geschichte einer vergangenen Zeit und für Sie noch dazu einer fremden Kultur angehört?*
>
> 2. *Welche Wirkung entsteht für Sie gerade dadurch, daß diese Geschichte als historisch/kulturell fern gekennzeichnet ist?*
> *Wirkt sie: fremd, fern, vertraut, nahe, anziehend, interessant, langweilig, zu weit weg, sentimental ... etc.?*

Zusammenfassung

1. Lesen bzw. Verstehen ist eine Tätigkeit, bei der der Leser entsprechend den Anforderungen des Textes verschiedene Aktivitäten durchführen muß.
   - Er muß Sinneinheiten wahrnehmen.
   - Er muß deren Funktionen erfassen.
   - Er muß das Globalthema erfassen.
   - Er muß die Gesamtintention ableiten.
   - Er muß verschiedene Bedeutungsaspekte eines Textes wahrnehmen und in Zusammenhänge einordnen können, wie z.B. thematische, gesellschaftliche ... etc. Zusammenhänge.

2. Verstehen ist immer Herstellen von kohärenten Zusammenhängen, in die sich Einzelnes einordnen läßt und damit auch verständlich wird.
   Wenn ein Leser z.B. die Frage, warum Hebel den mittleren Teil eingebaut hat, nicht beantworten kann, dann fehlt ein Zusammenhang, und ein Teil des Textes bleibt unverstanden.

3. Überall dort, wo Texte Zusammenhänge nicht klar und eindeutig formulieren, sondern Lücken lassen, somit Fragen aufwerfen und nur andeutungsweise auf Zusammenhänge anspielen, da muß der Leser aktiv werden, um Lücken zu schließen, Antworten zu finden und Angedeutetes bzw. Verstecktes herauszufinden.

4. Um sich versteckte Zusammenhänge zu erschließen, ist es hilfreich für einen Leser, nach der Funktion einer Sache zu fragen.

5. Wenn die Funktionsbestimmung nicht gleich gelingt, helfen folgende Lösungsstrategien:
   - Ortsbestimmung eines Teils innerhalb des Gesamtaufbaus
   - Beobachten der eigenen Leseerfahrung (Welchen Effekt hat der Textabschnitt? Wie wirkt er auf mich?)
   - Auslassen einer Textpassage als Testverfahren (Was ändert sich dadurch?)
   - Überprüfen der Beziehung zum Folgegeschehen unter dem Aspekt der
     • Vorbereitung/Akzentuierung
     • Wirksamkeit
     • Kontrastierung/Parallelisierung.

6. Wichtig für das Verstehen ist stets das Einordnen eines Textes in „seinen" Kontext. Erst dann kann der Leser sich auch fragen, ob der Text ihm etwas zu sagen hat; inwieweit er etwas mit seiner Gegenwart und seinen Erfahrungen zu tun hat (Anwendung).

3.2 Hinweise für den Literaturunterricht

Wenn Sie im Unterricht mit Ihren Schülern/Studenten die Hebel-Geschichte behandeln möchten, so können Sie als erstes wiederum die Prüffragen, die ich Ihnen zuvor genannt habe, auf den Text anwenden:

1. Welche Verstehens- und Kompetenzstufen lassen sich unterscheiden?
   a) Verstehen des Inhaltes (global wie im Detail)
   b) Wahrnehmen und Bewerten der sprachlichen Ausdrucksmittel
   c) Interpretieren der Textinhalte
   d) Erfassen der Perspektive des Autors/Erzählers
   e) Wahrnehmen des Gesamtaufbaus, Identifizierung von Gattungsmerkmalen, Erfassen von Einheiten, Funktionsbestimmung
   f) Erfassen der Gesamtintention eines Textes
   g) Einbringen, Artikulieren und Reflektieren der Leserperspektive; Unterscheidung der Leserperspektive innerhalb des Textes („impliziter Leser"* nach W. Iser, 1972) und der Perspektive des realen Lesers
   h) Einordnen des Textes in übergeordnete gesellschaftlich-historische Zusammenhänge
   i) Anwenden des Textes auf die eigene Gegenwart des Lesers.

   Erläuterung:

   Nicht in allen Texten spielen diese Bedeutungsebenen eine Rolle, so daß Sie als Lehrer nicht alle diese Bereiche im Unterricht thematisieren müssen/ sollten. Der natürliche Verstehensvorgang läuft auch nicht unbedingt in dieser Reihenfolge ab. Oft überspringt ein Leser das Einfache und beschäftigt sich gleich mit komplexeren Einheiten eines Textes wie den übergeordneten Absichten eines Erzählers. Diese Untergliederung von Verstehensstufen soll Ihnen als Lehrer eine Hilfe geben, um Ihre Schüler und deren Verstehen einordnen zu können und um Lernprozesse zu fördern. Als allgemeine Regel kann man jedoch sagen: Das Inhaltsverstehen ist das Primäre, von dort aus sollte die Erweiterung erfolgen, indem schrittweise weitere Aspekte des Textes miteinbezogen werden.

2. Brauchen Ihre Schüler ein Vorwissen, um die Geschichte zu verstehen? – Möchten Sie z.B. schwierige Wörter vor der Lektüre erklären, oder möchten Sie Informationen über Hebel und die Gattung der Kalendergeschichte vorher geben?

3. Bietet die Geschichte Ihren Schülern einen persönlich-subjektiven Einstieg ?

4. Bestehen Anknüpfungsmöglichkeiten an die Erfahrungswelt Ihrer Schüler? Welche Themen lassen sich eventuell verallgemeinern – auch über kulturelle Grenzen hinweg?

   Wir können jetzt diesen Katalog von Prüffragen, der Ihnen bei der Planung und Gestaltung des Unterrichts helfen soll, erweitern und differenzieren, indem wir die Ergebnisse aus dem Vorhergehenden miteinbeziehen:

5. Bestimmung von Lehr- und Lernzielen

   Aus dem, was ein Leser können und tun muß, um zu verstehen, lassen sich Lehr- und Lernziele für Ihren Unterricht ableiten. Wobei das übergeordnete Lehrziel, von dem wir im Rahmen dieser Studieneinheit stets ausgehen, lautet: Entwicklung einer fremdsprachlichen/fremdkulturellen Verstehensfähigkeit, die es dem Schüler

ermöglicht, in einen eigenen Dialog mit einem fremden Text zu treten und selbständig Sinn zu bilden.

Aufgabe 25

> *Überlegen Sie bitte im Hinblick auf die Hebel-Geschichte:*
>
> *1. Was könnten Ihre Schüler gerade in der Auseinandersetzung mit dieser Geschichte lernen?*
>
> *2. Welche Verstehensfähigkeiten möchten Sie anhand dieser Geschichte entwickeln?*

6. Verstehenstiefe / Grad der Auseinandersetzung

Die Unterscheidung von Sinn- und Verstehensstufen in einem Text hatten wir als ein Modell benutzt, um Fähigkeiten eines Lesers/Lerners abzustufen. Darüber hinaus enthält dieses Modell auch den Gedanken, daß es verschiedene Tiefen des Verstehens gibt bzw. verschiedene Stufen eines Textverständnisses.
Sie müßten im Hinblick auf Ihre Schüler prüfen:

Aufgabe 26

> *1. Wieviel sollen Ihre Schüler verstehen?*
>   *Wie tief sollen sie in den Text eindringen?*
>   *Und: Wieviel möchten Ihre Schüler verstehen?*
>
> *2. Reicht es, wenn Ihre Schüler die Geschichte vom Bergmann und seiner Braut in den wesentlichen Punkten verstanden haben und das Global-thema ableiten können?*
>
> *3. Sollten Ihre Schüler auch verstehen, welche Funktion der mittlere Teil in der Geschichte hat?*
>
> *4. Möchten Sie, daß Ihre Schüler die Geschichtlichkeit des Textes sehen und reflektieren?*
>
> *5. Sollten Ihre Schüler wissen, was eine Kalendergeschichte ist?*
>
> *6. Sollten sich Ihre Schüler den Text mehr persönlich-emotional aneignen, oder sollten sie vor allem lernen, ihre Erfahrungen, Eindrücke und Meinungen am Text zu belegen?*
>
> *7. Sollten Ihre Schüler von dem Text und seinen Inhalten verallgemeinern können und einen Bezug zu ihrer eigenen Wirklichkeit herstellen?*
>
> *8. Wie lange möchten Sie sich mit dem Text beschäftigen?*

Erläuterung:

Man muß nicht alles von einem Text verstehen. Eine zu lange und zu genaue Bearbeitung kann jegliche Freude am Lesen und jedes spontane Interesse am Text töten. Wenn Sie die Hebel-Geschichte z.B. im dritten Studienjahr behandeln, dann reicht vermutlich die Auseinandersetzung mit der Geschichte (der Hand-lung) und ihrer Aktualisierung* für Ihre Schüler. Fragen nach der Geschichtlich-keit und Applikation müssen nicht behandelt werden. Sie bewegen sich schon auf einer höheren Deutungs- und Reflexionsstufe, die Sie allenfalls mit graduierten Studenten der Germanistik behandeln könnten.
Die Entscheidung, ob Sie mehr die persönlich-subjektive Aneignung des Textes fördern möchten oder mehr die objektive Textanalyse, hängt u.a. davon ab, wie Ihre Schüler bisher mit Literatur umgegangen sind. Vielleicht sind sie es gar nicht ge-wohnt, sich persönlich einzubringen? Dann wäre die persönlich-subjektive An-eignung ein Lernen und könnte somit ein Ziel Ihres Unterrichts sein. Für die Planung

Ihres Unterrichts müssen Sie also auch solche <u>Lernervoraussetzungen</u>, wie Ihre Schüler bisher mit fremdsprachiger Literatur umgegangen sind, berücksichtigen.

7. <u>Wie motivieren/aktivieren* Sie Ihre Schüler?</u>

Wir hatten in dem Prüfkatalog bereits zwei Möglichkeiten genannt, wie Sie Ihre Schüler motivieren können, um einen Einstieg in einen Text zu finden und einen Dialog mit dem Text aufnehmen zu können. Wir waren dabei von der <u>Leserseite</u> ausgegangen:

a) subjektiv-emotionale Reaktionen, Interessen und Neigungen,

b) Anknüpfen an der Erfahrungswelt Ihrer Schüler.

Diese Möglichkeiten können wir nun erweitern, indem wir von dem <u>Text und seinem Angebot</u> ausgehen:

c) Thematisieren von wichtigen Ereignissen als Aufmerksamkeits- und Verstehenszentren in erzählten Geschichten.

   <u>Erläuterung:</u>
   Erzählte Geschichten bieten im allgemeinen einen leichten Einstieg, weil sie Erfahrungen ansprechen und es darum dem fremdsprachigen Leser ermöglichen, Vertrautes wiederzuentdecken – wenn auch in einem anderen kulturellen Kontext – und Fremdes nachzuvollziehen.
   Innerhalb von Geschichten sind es vor allem besondere Ereignisse, Geschehnisse und Höhepunkte, die die Aufmerksamkeit des Lesers auf sich ziehen. Diese Kerne, um die Geschichten kreisen, bilden Verstehenszentren für den Leser. Sie enthalten zumeist ein hohes emotionales Potential*. Von dort aus lassen sich andere Bereiche des Textes erschließen.

d) Entdeckung von Inkohärenzen*/offenen Fragen:
   All jene Textstellen, die die Deutungsaktivität des Lesers in Gang setzen, bieten Ausgangs- und Anknüpfungspunkte im Unterricht. Bei Hebel war es die Unverbundenheit des mittleren Geschichtenteils, die die Frage nach der Inkohärenz und ihrer Funktion aufwarf. Um jedoch Ihre Schüler in dieser Richtung aktiv werden zu lassen, müßten Sie vielleicht noch einige Voraussetzungen Ihrer Schüler mitbedenken:

<u>Aufgabe 27</u>

> 1. *Würden Ihre Schüler von allein merken, daß der mittlere Teil nicht zu dem Vorhergehenden und dem Nachfolgenden paßt?*
>
> 2. *Würden Ihre Schüler fragen, warum der Erzähler das gemacht hat? Würden sie nach einer Erklärung suchen?*
>
> 3. *Wie gehen Sie bzw. Ihre Kollegen im muttersprachlichen oder im sonstigen fremdsprachlichen Literaturunterricht vor? Behandeln Sie solche inkohärenten Stellen?*
>
> 4. *Oder haben Sie eine ganz andere Art, mit literarischen Texten umzugehen als die, die ich Ihnen hier vorführe?*

Die Art, wie wir mit Texten umgehen, ist sicherlich kulturell und gesellschaftlich geprägt. Die Fragen, die ich an einen Text stelle, sind vielleicht andere Fragen als die, die Sie gelernt haben, an einen Text zu stellen. Wie Sie bzw. Ihre Schüler mit Literatur umgehen, worauf Sie achten, worauf Sie ansprechen und wie Sie über Literatur sprechen, sind Konventionen, die Ihr Verstehen auch eines fremdsprachlichen Textes beeinflussen.
Allerdings setzen fremdsprachliche Texte wiederum einen Leser voraus, der im gleichen kulturellen Zusammenhang steht und somit auch die dort verwurzelten Verstehenskonventionen beherrscht. Darum müßten Sie diese Voraussetzungen Ihrer Schüler mitberücksichtigen. Es kann ja sein, daß Ihre Schüler vor dem Hintergrund ihrer eigenen literarischen Erziehung die Lücken und damit die Sinnoffenheit in einem fremdsprachlichen Text nicht sehen, so daß sie auch nicht anfangen zu fragen. In dem Fall wäre das Verstehen aufgrund unterschiedlicher

Literaturbegriffe und Verstehenskonventionen eingeschränkt.

Unter diesem Vorzeichen sollten das Entdecken von Inkohärenzen/offenen Fragen sowie die Anwendung von Strategien zur Lösung von Verstehensproblemen Ziel und Gegenstand Ihres Unterrichts sein.

Das Deuten und Verstehen wird in diesem Zusammenhang als eine Art Problem-Lösungsverfahren aufgefaßt. Diese Auffassung berührt sich mit dem Begriff des „entdeckenden Lernens" von J. Bruner (1973). Nach Bruner wird die Kreativität, die Eigenständigkeit und auch die Motivation eines Lerners erhöht, wenn dieser einen Begriff oder eine Regel in einer Lernsituation selbst entdeckt.

In diesem Fall soll der Schüler einen Deutungszusammenhang entdecken, in dem einzelne Teile ihre Funktion haben und damit sinnvoll und verstehbar sind. Vor allem aber soll der Schüler lernen, wie er Sinnzusammenhänge selbst entdecken kann. Der Weg ist noch wichtiger als das Ziel, nämlich der gefundene Sinn; denn wenn der Schüler weiß, wie er Inkohärenzen und Verstehenshindernisse auflösen und überwinden kann, wie er sich verborgene Sinnzusammenhänge erschließen kann, dann kann er selbständig und auf sinnvolle Weise mit einem fremdsprachlichen literarischen Text kommunizieren.

Erweiterung des Prüfkatalogs um folgende Punkte:

1. Welche Lehr- und Lernziele werden angestrebt?

2. Welche Verstehenstiefe bzw. welcher Grad der Auseinandersetzung mit dem Text soll erreicht werden?

3. Wie lassen sich Schüler motivieren/aktivieren,

   - daß sie einen Text für sich aktualisieren können,
   - daß sie einen Einstieg finden,
   - daß sie in einen eigenen Dialog mit dem Text treten können,
   - daß sie Fragen haben an den Text,
   - daß sie Antworten finden auf offene Fragen des Textes,
   - daß sie wissen, wie sie Verstehensprobleme lösen können?

4. Lernervoraussetzungen: Welches Literaturverständnis haben Ihre Schüler? Welche Verstehens- und Deutungskonventionen verwenden sie?

Zusammenfassung

4.1 Das Gespräch mit einem fremdsprachlichen Text

In den vorhergehenden Kapiteln wurde immer wieder darauf hingeführt, daß das Lesen und Verstehen eines literarischen Textes ein dialogischer Vorgang ist. Auf der einen Seite steht der Text, der bestimmte Sachverhalte, Personen und Geschehnisse sprachlich beschreibt und dabei vieles offen und unvollständig läßt. Auf der anderen Seite steht der Leser, der fortlaufend den Text ergänzt und entsprechend seiner Sichtweise Zusammenhänge bildet, in die sich einzelne Teile einordnen lassen und damit verständlich werden.

Doch das Gespräch mit einem literarischen Text will gelernt sein. Zumal dann, wenn der Leser einem anderen gesellschaftlichen und kulturellen Raum angehört als dem, der im Text vorkommt; denn seine Wahrnehmung, seine Erwartung und sein Verstehen sind möglicherweise an anderen literarischen Verfahrensweisen der Gesprächsführung und Sinnbildung geschult als an denen, die der Text enthält.

Aber wie kann der Leser mit einem fremdsprachlichen Text ins Gespräch kommen? Wo ist der Einstieg in die andere Welt des Textes? Wo sind die Verknüpfungsmöglichkeiten zu seiner Welt? Wie kann er fragen, um den Text für sich zu erschließen?

Einige Frage- und Einstiegsmöglichkeiten haben wir bereits kennengelernt. Doch nicht jede Frage paßt zu jedem Text, und nicht jeder Weg ist geeignet, um einen Text zu erschließen. Darum möchte ich mit Ihnen ein wenig weiter gehen und die Gesprächsmöglichkeiten mit einem fremdsprachlichen Text anhand einer Geschichte von J.W. von Goethe vertiefen. Daran wird sich die Frage anschließen: Wie können Sie Ihre Schüler dazu befähigen, ihren eigenen Dialog mit diesem Text zu führen?

<table>
<tr><td>Aufgabe 28</td><td>

- *Lesen Sie bitte „Das Erlebnis des Marschalls von Bassompierre" aus den „Unterhaltungen deutscher Ausgewanderten" von J.W. von Goethe im Reader auf S. 84 – 85*

- *Entsprechende Vorinformationen zu diesem Text finden Sie ebenfalls im Reader auf S. 86*

</td></tr>
</table>

Der normale Lesevorgang – so hatten wir zuvor gesagt – zielt zunächst darauf, den Hauptgedanken (das Thema) eines Textes zu erfassen. Doch am Ende der ersten Lektüre hat der Leser nicht nur das übergeordnete Thema in seinem Kopf, sondern er hat auch einen bestimmten <u>Eindruck</u> von dem gelesenen Text. Zum Beispiel kann ein Text ansprechend auf ihn wirken oder interessant, langweilig, schwierig, fremd, vertraut und anderes mehr.

Dieser erste Eindruck kann sehr viel über den Text aussagen und sehr viel über den Leser und seine Wahrnehmungsweise. Gehen wir zuerst von Ihrem Gesamteindruck des Goethe-Textes aus.

<table>
<tr><td>Aufgabe 29</td><td>

Wie finden Sie die Geschichte?

a) Ist sie interessant/langweilig/spannend?

b) Konnten Sie die Geschichte leicht und flüssig lesen?

c) Befremdet Sie die Geschichte?

d) Sind Ihnen die Personen und ihr Verhalten fremd/fern oder eher nah/ vertraut; sympathisch/unsympathisch/gleichgültig?

Bitte erzwingen Sie keine Antwort. Wenn eine Frage Sie und Ihren ersten Eindruck gar nicht betrifft, dann lassen Sie sie unbeantwortet. Vielleicht haben Sie ganz andere Eindrücke als die hier angesprochenen?

</td></tr>
</table>

Wenn ich jetzt mit Ihnen zusammen wäre, würde ich gerne näher auf Ihre Antworten eingehen und nachfragen, warum Sie die Geschichte interessant/uninteressant finden, was fremd oder vertraut ist...etc. Wir wären dann vielleicht schon ganz nah bei Ihnen und ganz nah an dem Text. Vielleicht haben Sie einen völlig anderen Zugang zu dem Text als ich und sehen, was ich nicht sehe, und erfahren, was mir verschlossen bleibt. Aber da das nicht möglich ist, biete ich Ihnen die Schilderung meines Eindrucks an, den Sie mit dem Ihren vergleichen mögen.

Für mich ist das „Erlebnis des Marschalls von Bassompierre" durchaus fremd. Fremd sind mir die Personen, die Art ihres Miteinanderumgehens und ihr Verhalten, fremd auch ihre Sprache und das soziale Milieu. Sie sind mir fremd, weil sie einer anderen Zeit angehören und nicht in meine gegenwärtige Lebenswelt passen.

Aber in dieser Fremdheit liegt ein Reiz, weil ich manches Neue erfahre über eine vergangene Zeit. Interessant ist für mich wiederum die Art des Erzählens; denn sie steht für eine Tradition, mit der die moderne Literatur gebrochen hat. Es handelt sich um ein Erzählen, das sich vorrangig auf Ereignisse konzentriert, die zeitlich und kausal miteinander verbunden sind, und das zügig voranschreitet bis zu einem Endpunkt. Aber innerhalb dieser Welt zeitlich und kausal verbundener Ereignisse geschieht etwas, das sich nicht einfügt, weil es nicht kausal erklärbar ist – wir werden noch sehen, was es ist.

Vordergründig erzeugt dieses Unberechenbare und Unerklärliche eine Spannung für den Leser, doch dahinter steckt noch ein anderer Gedanke. Aus meiner Sicht wird hier mit einem Prinzip gebrochen, das tief im europäischen Denken verwurzelt ist: dem der Geschlossenheit einer Welt, die u.a. durch Erzählkonventionen verbürgt wurde.

Diese Geschichte fordert mich zum Nachdenken auf über traditionelle und gegenwärtige Wirklichkeitserfahrungen. Ich entdecke andere Erfahrungen, andere Begriffe und eine andere Art, die Wirklichkeit zu sehen, als meine eigene.

Vielleicht haben Sie ähnliche Fremdheiten bzw. Vertrautheiten zwischen Ihrer Welt und der des Bassompierre entdeckt? Vielleicht unterscheidet sich auch meine Art, den Text zu sehen, von der Ihren?

Ich kann diese Geschichte von Goethe nur vor dem Hintergrund bestimmter Erzählkonventionen und der gesellschaftlichen wie ästhetischen Funktion des Erzählens in der europäischen Tradition wahrnehmen, die z.B. zurückreicht bis zum „Dekameron" von G. Boccaccio (14. Jh.), das Vorbild war für die „Unterhaltungen deutscher Ausgewanderten". Aber wer diesen Hintergrund nicht kennt und sich dafür auch nicht interessiert, wird diese Geschichte anders lesen. Er wird auf andere Dinge achten als ich und andere Bewertungen treffen. Und falls Sie aufgrund Ihrer anderen kulturellen Herkunft den Text auch als „fremd" erfahren, dann hat die Fremdheit einen völlig anderen Inhalt als bei mir. Sich darüber zu verständigen wäre sicherlich interessant.

Doch gehen wir zunächst auf den Text näher ein, da er der Ausgangspunkt und Gegenstand unserer jeweiligen Erfahrungen/Sehweisen ist.

Wie kommt nun der erste Eindruck – man könnte auch sagen: das erste Bild – von dieser Geschichte zustande? Um dieser Frage nachzugehen, wenden wir uns der Geschichte zu und beginnen mit ihrem Schluß.

Aufgabe 30

- Wie finden Sie den Schluß dieser Geschichte?

- Ist der Schluß auffällig für Sie?

- Waren Sie überrascht?

- Haben Sie dieses Ende erwartet – oder ein anderes?

Bitte begründen Sie möglichst Ihre Antworten.

Wir erfahren, daß der Marschall im Zimmer zwei tote Körper vorfindet. Jedoch hinterläßt diese Schlußszene einige Fragen.

> *1. Welche Fragen löst diese Schlußszene bei Ihnen aus?*
>
> *2. Haben Sie mögliche Antworten?*
>
> *3. Gibt es überhaupt abschließende Antworten?*
>
> *Falls Sie in einer Gruppe arbeiten, diskutieren Sie Ihre Fragen und Ihre Antworten untereinander.*

Vielleicht haben Sie verschiedene Vermutungen angestellt, um das, was der Text offenläßt, zu schließen. Vielleicht aber möchten Sie erst noch mehr über die Geschichte wissen, bevor Sie Vermutungen anstellen?

Welche Fragen des Textes Sie auch immer aufgegriffen haben und wie immer Sie reagiert haben, Sie befinden sich bereits in einem Zwiegespräch mit dem Text. Ihre ersten Eindrücke und Reaktionen sind ein Zeichen dafür, daß der Text Sie erfaßt hat und daß Sie sich bereits Teile des Textes auf Ihre Art angeeignet haben.

Wenn Sie jetzt neugierig geworden sind und mehr über die Geschichte wissen möchten, dann könnten/sollten wir uns den konkreten Geschehnissen zuwenden: also dem, was der Text uns mitteilt.

Geschichten lassen sich u.a. mit Hilfe folgender Fragen erschließen:

a) Was ist die Ausgangssituation (wer, wo, wann, was, wie)?
b) Was passiert dann? (Geschehnisse, Konflikte)
c) Welche Folgen haben einzelne Geschehnisse, Konflikte ... etc. ?
d) Was ist das Ergebnis? (das Ende).

> *Zählen Sie kurz die wichtigsten Situationen und Geschehnisse dieser Geschichte von Anfang bis zum Ende auf.*
> *Geben Sie dabei genau an, wann (welcher Tag, welche Tageszeit) was passiert:*
>
> | Was geschieht? | Wann? | Wo? |
> | --- | --- | --- |
> | | | |

Mit dem Erfassen der wichtigsten Ereignisse dieser Geschichte haben Sie ein erstes Textverständnis erreicht. Doch alles, was in dieser Geschichte passiert, d.h., alle Tatsachen bzw. Fakten lassen sich weiter ausdeuten; denn vieles, was zum Verständnis der Geschichte gehört, wird dem Leser nicht direkt gesagt, z.B. die unterschiedliche gesellschaftliche Stellung Bassompierres und der Krämerin.

> *1. Zu welcher Gesellschaftsschicht gehört Bassompierre und zu welcher die Krämerin?*
> *Welche Hinweise im Text geben Ihnen darüber Auskunft?*
>
> *2. Wie beeinflußt die unterschiedliche gesellschaftliche Stellung das Verhalten der beiden Personen und die äußeren Umstände ihres Treffens?*

Des weiteren läßt sich die Beziehung zwischen den beiden Hauptfiguren ausdeuten. Als Leser erfahren wir zwar, was Bassompierre und die Krämerin tun und wie sie sich gegenüber dem anderen verhalten, jedoch erfahren wir nicht genau, was sie denken, empfinden und wie sie zu dem anderen stehen. Darüber können wir nur Vermutungen anstellen aufgrund dessen, was uns der Text signalisiert. Was meinen Sie zum Beispiel: Wie stehen Bassompierre und die Krämerin zueinander?

Aufgabe 34

Bitte beantworten Sie folgende Fragen:

1. Was bedeutet die Krämerin für den Marschall von Bassompierre?

2. Ändert sich seine innere Beziehung (seine Gefühle, seine Einstellungen, sein Interesse) zu der Krämerin im Verlaufe der Geschichte?

Bitte belegen Sie Ihre Meinungen am Text.

Die gleichen Fragen gelten auch für die Krämerin.

3. Was bedeutet Bassompierre für die Krämerin?

4. Hat Bassompierre für die Krämerin die gleiche Bedeutung wie sie für ihn, oder bestehen Unterschiede in ihrem gegenseitigen Verhältnis?

Verstehenshilfe: *Schauen Sie sich die Szene der ersten Verabredung genauer an und überprüfen Sie:*

a) Warum möchte die Krämerin sich nicht noch einmal am selben Ort mit Bassompierre treffen?

b) Warum nennt sie ihn „einen Bassompierre"?

In allen Gesellschaften gibt es sehr verschiedenartige Beziehungen zwischen Mann und Frau und dementsprechend auch unterschiedliche Bezeichnungen. Heute würden wir so ein kurzfristiges Verhältnis wie zwischen Bassompierre und der Krämerin als eine „Affäre" bezeichnen. Im 17. Jh. dagegen hat man von einem „Abenteuer" bzw. von einem „Liebesabenteuer" gesprochen.

Aufgabe 35

Wie ist das in Ihrer Gesellschaft?

1. Wie hat man früher in Ihrer Gesellschaft ein solches Verhältnis bezeichnet? Wie würde man es heute bezeichnen?

2. Durfte sich im 17. Jh. eine Frau in Ihrer Gesellschaft einem Mann nähern? Darf sie es heute?

3. Empfinden Sie das Verhalten Bassompierres und der Krämerin als befremdlich?

Diskutieren Sie diese Fragen wenn möglich untereinander.

Sie haben und hatten in Ihrer Gesellschaft eventuell andere Auffassungen darüber, wie Männer und Frauen sich verhalten sollten, was sie tun dürfen und was sie besser nicht tun sollten. Solche gesellschaftlichen Normen und Konventionen bestimmen das Verhalten von Männern und Frauen. Für das Verständnis des Verhaltens Bassompierres und der Krämerin und der Einschätzung ihres Verhältnisses müssen auch die gesellschaftlichen Normen und Konventionen dieser Zeit sowie die entsprechenden Begriffe miteinbezogen werden.

Manchmal braucht ein Leser dieses Hintergrundwissen vor der Lektüre. Aber in diesem Fall kann er den Hintergrund von Normen und Konventionen zum Teil aus dem Text selbst ableiten. Dafür muß er allerdings die Hinweise im Text („Marschall", „Krämerin", „Haus der Kupplerin", „Diener", „Briefe an Damen"...) aufnehmen und bewerten können.

Lenkung der Leserwahrnehmung

Ich möchte jetzt noch einmal auf den Text zurückkommen und Sie auf ein wichtiges literarisches Verfahren aufmerksam machen: die Lenkung der Leserwahrnehmung.

Die Bedingungen, die die Krämerin an ein erneutes Treffen stellt – nämlich Sonntag abend und im Haus der Tante – werfen die Frage nach dem <u>Motiv</u> der Frau auf: <u>Warum</u> will sie sich an einem anderen Ort mit Bassompierre treffen? Und diese Frage berührt sich unmittelbar mit den Fragen der Schlußszene – wie wir bereits gesehen haben. Betrachtet man die Szene der ersten Nacht, dann ließe sich ihr Motiv dahingehend deuten, daß sie nicht nur für ein kleines Abenteuer gehalten werden möchte und daß Bassompierre für sie einen höheren Stellenwert hat als den eines flüchtigen Abenteuers. Dieses ist zwar nur eine Möglichkeit zu deuten, aber durchaus eine überzeugende, wie ich meine, da sie sich stützen läßt durch die Äußerungen der Krämerin in der ersten Nacht.

Bezieht man nun den Schluß mit ein, dann bekommt die Frage, warum die Krämerin sich im Haus der Tante mit Bassompierre treffen möchte, ein völlig anderes Gewicht. Die obige Deutung ihres Motivs, die der Text selbst bis zu einem gewissen Grade nahelegt, wird nun wieder fragwürdig. Sie verbindet sich mit den Fragen, die die Schlußszene aufwirft:

- Wer sind die beiden Toten?
- Wenn die Frau eine der beiden Toten ist, hat sie während der Verabredung mit Bassompierre schon von ihrem späteren Tod gewußt?
- Und wenn sie von ihrem Tod wußte, warum bestellt sie Bassompierre dorthin?

Aufgabe 36

> *Was meinen Sie dazu?*
>
> *1. Wollte sie sich wirklich mit Bassompierre treffen oder nicht?*
>
> *2. Haben Sie noch andere Vermutungen über die Motive der Frau und was tatsächlich geschehen sein könnte?*

Sie sehen, der Text regt zu vielerlei Überlegungen an. Je nachdem, von welchem Standpunkt aus Sie das Problem (die Frau und ihre Motive) betrachten, stellt es sich anders dar und zeigen sich andere Deutungsmöglichkeiten.

Der Text ruft also nicht nur Fragen bei einem Leser hervor, sondern er legt auch gewisse Deutungen nahe, um sie zu einem späteren Zeitpunkt und aus einem anderen Blickwinkel wieder fragwürdig werden zu lassen.

Auf diese Weise wird die Wahrnehmung des Lesers gelenkt. Der Text fordert den Leser gleichsam auf, sein Auge innerhalb des Textes wandern zu lassen und von verschiedenen Standorten aus eine Person, eine Situation oder ein Geschehen zu betrachten. Mit jeder Blickpunktveränderung innerhalb des Textes ändern sich auch die Erwartungen des Lesers, seine Fragen und seine Vermutungen: Sie als Leser werden Vorhergehendes neu einordnen, vorläufige Deutungen wieder zurücknehmen und neue bilden. Sie befinden sich in einem fortlaufenden Austausch mit dem Text und realisieren seine Struktur entsprechend Ihren eigenen Möglichkeiten, Neigungen und Interessen.

Was immer Sie im einzelnen für Vermutungen bezüglich der Motive der Krämerin angestellt haben und wie immer diese sich von denen anderer Leser unterscheiden, Sie haben damit bereits die Angebote des Textes aufgenommen und sind seinen Lenkungen gefolgt.

Doch <u>wie</u> Sie sich auf den Text einlassen, wie Sie fragen, worauf Sie achten und welche Überlegungen Sie anstellen, hängt – wie schon gesagt – von Ihnen selbst ab und Ihrem kulturell geprägten Erfahrungshintergrund. Wie Ihre eigene Perspektive jeweils ins Spiel kommt, könnte durch folgende Fragen deutlich werden:

Aufgabe 37

> 1. Was für ein Mann ist Bassompierre für Sie?
>
> 2. Was für eine Frau ist die Krämerin für Sie?
>
> 3. Haben Sie für beide Figuren einen treffenden Begriff in Ihrer eigenen Sprache und/oder in der deutschen Sprache?
>
> 4. Sind die Begriffe, mit denen Sie die Figuren charakterisieren würden, mehr aus Ihrer eigenen Welt und Ihren Normvorstellungen abgeleitet als aus der Welt Bassompierres und der Krämerin?
>
> Falls Sie in einer Gruppe arbeiten, vergleichen Sie Ihre Charakterisierungen untereinander.

Da in Ihre Charakterisierung der Figuren immer auch Ihre persönliche Einstellung einfließt, überlegen Sie bitte, wie Sie zu den Figuren stehen:

Aufgabe 38

> 1. Wer interessiert Sie mehr – Bassompierre oder die Krämerin?
>
> 2. Über wen möchten Sie gerne mehr wissen?
>
> 3. Ist Ihnen eine der beiden Figuren sympathischer als die andere? Oder spielt diese Frage gar keine Rolle für Sie?
>
> 4. Wie finden Sie die Figuren?
>
> 5. Wie beurteilen Sie deren Verhalten?
>
> 6. Sind die Figuren Ihnen nah, fern, fremd, vertraut, vergleichbar...etc.?
>
> 7. Können Sie sich in die Figuren hineinversetzen?
>
> Bitte erzwingen Sie auch hier keine Antwort, denn als Leser muß man nicht zu allem eine Meinung und eine Einstellung haben. Verstehen Sie diese Fragen nur als Anregungen, über Ihre Gefühle nachzudenken.

Je nachdem, auf welcher der beiden Figuren Ihr Hauptinteresse liegt und wie Sie sie bewerten, werden Sie auch die Figuren und die Geschehnisse gedeutet haben. Von Ihrer jeweiligen Sichtweise und Haltung gegenüber den Figuren hängt es ab,

a) von welchem Standort innerhalb des Textes aus Sie Fragen stellen und nach Antworten suchen,

b) wie Sie fragen,

c) welche Gesichtspunkte (= Aspekte) innerhalb des Textes Sie berücksichtigen, um zu möglichen Antworten zu gelangen bzw. Vermutungen aufzustellen.

Halten wir einmal fest, daß die R e z e p t i o n   d e s   L e s e r s gesteuert wird durch o f f e n e   F r a g e n in Texten und bestimmte Strategien der Wahrnehmungslenkung. Hinzu kommt noch als weiteres literarisches Mittel, das die Rezeption beeinflußt: die P e r s p e k t i v e , aus der erzählt/dargestellt wird.

Aufgabe 39

> Untersuchen Sie bitte:
>
> 1. Aus welcher Perspektive wird diese Geschichte erzählt?
>
> 2. Vergleichen Sie diese Geschichte einmal mit „Momo": Aus welcher Perspektive wird dort erzählt? Welche Unterschiede bestehen? Haben diese Unterschiede eine unterschiedliche Wirkung auf Sie?

Momo	„Erlebnis"	Unterschiede

3. Wie beeinflußt die Erzählperspektive im „Erlebnis" den Leser?
Welche Folgen hat sie für den Leser und seine Wahrnehmung?

Gesamtintention und Ziel dieser Erzählung

Wie lassen sich nun die verschiedenen Gesichtspunkte dieser Geschichte, die wir bisher betrachtet haben, miteinander verbinden? Gibt es einen übergeordneten Zusammenhang, in den sich alles einordnen läßt? Halten wir zur Lösung dieser Frage zunächst die Kernstruktur dieser Geschichte fest:

Bassompierre findet zwei Tote vor, wo er die schöne Krämerin erwartet hatte. Aber weder Bassompierre noch der Leser erfahren, wie und warum es dazu gekommen ist. Wir kennen das Ergebnis, aber nicht den Hintergrund, der zu diesem Ergebnis geführt hat.

Alle konkreten Geschehnisse, von denen Bassompierre berichtet und an denen sich der Leser zunächst orientieren kann, werden dem Verständnis des Lesers wieder entzogen – wie auch dem Bassompierres – weil der Hintergrund, nämlich die Identität und die Motive der Frau, nicht aufgedeckt wird. Der Leser kann rätseln, wer die Frau ist, woher sie kommt, wohin sie gegangen ist, ob sie die Pest hatte oder nicht und was die Gründe für ihr Verhalten sind. All diese Fragen kreisen um die Frau. Zu welchen Antworten Sie auch immer gelangt sind, eine abschließende Lösung läßt sich wohl nicht finden. Am Ende bleibt die Frau so rätselhaft wie die Ereignisse.

Aber vielleicht will der Text gar nicht, daß der Leser diese Geschichte enträtselt? Wie in einem Märchen, wo der Zauber zerfällt, sobald das Rätsel gelöst ist, würden auch die Antworten des Lesers den Text zum Schweigen bringen und ihn abschließen, wo er mit seinem Rätsel sich dem unabschließbaren Sinn- und Flußfluß öffnet.

Wir hatten in dieser Studieneinheit immer wieder betont, daß das Verstehen darauf gerichtet ist, Deutungszusammenhänge zu finden, die Texte verständlicher machen. Doch in diesem Fall scheint sich diese Verstehensrichtung umzukehren: Es scheint, als wolle der Text seine Fragen gar nicht beantwortet haben. Als wolle er den Leser vielmehr auf die Frage selbst hinführen. Aber wenn das so ist, warum wohl? Welche Absicht steckt dahinter?

Aufgabe 40

Was glauben Sie?

1. Wenn der Text uns Rätsel aufgibt, die nicht zu lösen sind, was bezweckt er damit?

2. Wie wirkt das auf Sie?

3. Sagt Ihnen diese Geschichte, die Art des Erzählens und die Thematik etwas?

Überlegen Sie bitte weiter:

4. Warum werden überhaupt Geschichten in Ihrer wie auch in meiner Kultur erzählt?

5. Kennen Sie ähnlich geheimnisvolle und rätselhafte Geschichten wie diese?

Für eine weitere Einordnung dieser Geschichte müßte man jetzt den K o n t e x t der „Unterhaltungen deutscher Ausgewanderten" miteinbeziehen und prüfen, warum und unter welchen Umständen dort Geschichten erzählt werden. Man müßte auf das Vorbild des „Dekameron" eingehen und anderes mehr. Aber das wollen und können wir hier nicht im einzelnen besprechen. Wenn Sie diesen Zusammenhang weiter verfolgen möchten, so lesen Sie dazu die Ausführungen auf S. 86.

Schließen wir stattdessen den Kreis, und kommen wir zurück auf die Ausgangsfrage, welchen Eindruck Sie von der Geschichte hatten.

Aufgabe 41

> - *Vergleichen Sie einmal Ihren ersten Eindruck und Ihr erstes Bild von dieser Geschichte mit Ihrem jetzigen Bild bzw. Ihrem jetzigen Verständnis.*
> - *Hat sich etwas geändert? Haben Sie jetzt ein anderes Bild/ein anderes Verständnis von der Geschichte?*
> - *Oder bleiben Sie bei Ihrem ersten Eindruck und Ihrer ersten Reaktion?*

Zusammenfassung

Bevor wir didaktische Überlegungen anstellen, möchte ich kurz die wichtigsten Punkte dieses Kapitels zusammenfassen und dabei mein eigenes Vorgehen begründen:

1. Nach der Lektüre hat der Leser nicht nur den Hauptinhalt (das globale Thema) in seinem Kopf, sondern auch einen Gesamt<u>eindruck</u> (ein Gesamtbild) von dem Gelesenen. Er ist das Ergebnis vielfältiger und zumeist unbewußt ablaufender Vorgänge in einem Leser.

2. Diesen ersten Gesamteindruck kann man im Gespräch schrittweise aufgliedern, um die Textbedeutungen, die ein Leser im ersten spontanen Zugang verwirklicht, genauer zu fassen.

3. In vielen literarischen Texten gibt es Schlüsselszenen wie hier den Schluß und die erste Nacht. Es handelt sich deshalb um Schlüsselszenen, weil sie zentral sind für das Verständnis des Ganzen. Sie ziehen zumeist die Aufmerksamkeit des Lesers auf sich, machen neugierig und bieten Möglichkeiten, sich emotional zu beteiligen. Solche <u>Sinn- und Verstehenszentren</u> bieten einen guten Einstieg in die gemeinsame Textarbeit. Darum haben wir auch nach dem Ermitteln des ersten Eindrucks an der Schlußszene angesetzt.

4. Um Geschichten zu verstehen, muß ein Leser zunächst den <u>konkreten Geschehnisablauf</u> erfassen:
   - Ausgangssituation
   - Veränderungen dieser Situation
   - Folgen von Veränderungen
   - Ergebnis.

5. Alle Fakten einer Geschichte stehen wiederum in einem Zusammenhang von Motiven, Ursachen und Folgen, der nicht direkt im Text mitgeteilt wird, der aber erfaßt werden muß, um zu einem tieferen Verstehen zu gelangen.
   An verschiedenen Stellen des Textes treten Fragen auf:
   a) nach den Handlungsmotiven der Figuren
   b) nach der Identität einer Figur
   c) nach den Beziehungen zwischen den Figuren
   d) nach den Veränderungen in dem Verhältnis der Figuren zueinander
   e) nach den inneren Vorgängen in den Figuren
   f) nach den Geschehnissen, die im Hintergrund stattfinden und zu dem unerwarteten Schluß führen.

6. Um diese Fragen lösen zu können, muß der Leser verschiedene Gesichtspunkte berücksichtigen, wie z.B. die gesellschaftliche Stellung der Figuren ... etc.

7. Im allgemeinen werden in der erzählenden Literatur <u>Motive</u> von Figuren, <u>innere Vorgänge</u> und <u>Beziehungen zwischen Figuren</u> wie auch erzählerische <u>Wertungen</u>

nicht direkt ausgedrückt. Sie müssen vom Leser erschlossen und interpretiert werden.

8. Literarische Texte haben eigene Mittel, um die Wahrnehmung des Lesers zu lenken und insgesamt die <u>Rezeption</u> zu steuern. Dazu gehören: Fragen, die der Text aufwirft, Aufmerksamkeitslenkungen auf zentrale Ereignisse, Blickpunktverschiebung innerhalb der erzählten/dargestellten Welt und die Erzählperspektive.
Mit diesen Mitteln gestalten Texte die Perspektive des Lesers, nach W. Iser (1972), des sogenannten i m p l i z i t e n   L e s e r s . Der „implizite Leser" ergibt sich aus den Prozessen der Sinnbildung, die in einem Text vorgezeichnet sind. Er ist zu unterscheiden von dem realen Leser, der oft erst die Kompetenzen erwerben muß, um solche Textstrukturen wahrnehmen zu können.

9. Die Realisierung solcher Strukturen ist ein wesentlicher Bestandteil des Verstehens, wobei der r e a l e   L e s e r wiederum seine eigene Perspektive an den Text heranträgt und somit den Text auf „seine" Weise umsetzt.

10. Verschiedene Standpunkte einzunehmen und von dort aus jeweils Frage und Antwortrichtungen zu entwickeln ist eine Verstehens<u>fähigkeit</u>.

11. Im allgemeinen zielt das Verstehen auf eine Lösung, d.h. auf die Herstellung kohärenter Zusammenhänge. Hier jedoch liegt das Ziel nicht in der „Antwort", sondern in den „Fragen" selbst; in der Wahrnehmung des Rätsels, nicht in dessen Auflösung.

4.2 Didaktische Konsequenzen

Kommen wir nun zu unserer didaktischen Fragestellung: Wie können Sie Ihre Schüler befähigen, ihren eigenen Dialog mit diesem Text von Goethe zu führen? Von welcher Grundlage können Sie ausgehen? Was können Ihre Schüler bereits, und was sollen sie lernen, um entsprechend ihrer Sichtweise Sinn bilden zu können?
Um diese Vermittlungsfrage aufzugliedern, werden wir schrittweise den Prüfkatalog anwenden.

1. Rahmenbedingungen/Lernervoraussetzungen:

Aufgabe 42

> *Überlegen Sie bitte folgendes:*
>
> *<u>äußere Unterrichtsbedingungen:</u>*
>
> *1. Wie lange wollen und können Sie mit diesem Text arbeiten?*
>
> *2. Auf welcher Unterrichtsstufe könnten Sie diesen Text einsetzen – im zweiten, dritten ... Studienjahr?*
>
> *<u>Kenntnisstand Ihrer Schüler:</u>*
>
> *3. Können Ihre Schüler diesen Text flüssig lesen?*
>
> *4. Können Ihre Schüler allein – ohne Ihre Hilfe und ohne Lexikon – den Textinhalt erfassen?*
>
> *5. Erwarten Sie Verständnisschwierigkeiten? Wenn ja, welche?*

Erläuterung:
Einige zu erwartende Verständnisschwierigkeiten kann man vor der Lektüre beseitigen. Wir kommen auf diesen Punkt noch zurück. Andere kann man gerade auch zum Gegenstand des Unterrichts machen.

Nach diesen Vorüberlegungen können Sie Ihre Unterrichtsziele näher bestimmen.

2. Lehr- und Lernziele:

Aufgabe 43

Wie gründlich und genau möchten Sie diese Geschichte lesen und erschließen?

a) Sollen Ihre Schüler in erster Linie den konkreten Geschehnisablauf erfassen und wiedergeben können?
Ist das schon schwierig für Ihre Schüler, so daß diese erste Verstehensstufe bereits ein Unterrichtsziel sein könnte?

b) Oder erfassen Ihre Schüler den konkreten Textinhalt so mühelos, daß diese Verstehensstufe nur ein Zwischenschritt im Unterricht ist und das eigentliche Ziel darin besteht, zu einem tieferen Verständnis zu kommen?

c) Möchten Sie über das Verstehen konkreter Inhalte hinausgehen? Wenn ja, welche der zuvor besprochenen Deutungsbereiche dieser Geschichte:
- die Handlungsmotive des Bassompierre und der Krämerin
- die gesellschaftliche Stellung beider und die Folge für deren Verhalten
- die Rolle der Pest in der Geschichte
- die Gründe für das Ende
- die Funktion des Rätselhaften

möchten Sie mit Ihren Schülern

- nur kurz besprechen
- ausführlich besprechen und deuten
- gar nicht thematisieren bzw. nur dann, wenn es sich im Gespräch ergibt?

d) Möchten Sie noch einen Schritt weitergehen und Ihre Schüler auch zum Nachdenken bringen über
- die Rätselhaftigkeit der Ereignisse und ihre Bedeutung
- die Erzählperspektive und ihre Funktion
- die Rolle, in die der Leser gebracht wird?

Erläuterung:

Das Erfassen der Hauptgeschehnisse (der wesentlichen Textinhalte) ist grundlegend für alle weiteren Verstehens- und Deutungsvorgänge. Insofern sollte diese erste Verstehensstufe bei Ihren Schülern stets gesichert sein. Wenn man nicht weiß, wovon der Text handelt, dann kann man auch nicht weiter darüber sprechen.

Da es sich ja um einen fremdsprachlichen Text für Ihre Schüler handelt und wir davon ausgehen, daß die fremde Sprache und die fremde Welt des Textes das Verstehen beeinträchtigen, zielt der Literaturunterricht im allgemeinen darauf, mehr von diesem fremden Text zu verstehen. Das bedeutet, über den konkreten Geschehnisablauf hinaus verborgene und oft nur angedeutete Zusammenhänge zu erfassen und mögliche Verstehenshindernisse zu beseitigen.

Aber wie viele der verborgenen Zusammenhänge eines literarischen Textes Sie im Unterricht herausholen möchten und wie genau Sie diese ausdeuten und besprechen wollen, ist eine Entscheidung, bei der Sie das Verhalten, die Interessen, kulturellen Vorprägungen und die Verstehensmöglichkeiten Ihrer Schüler mitberücksichtigen müßten.

Vielleicht ist es gar nicht wichtig, schrittweise einzelne Textbereiche auszudeuten, um Ihre Schüler zu einem tieferen Textverständnis zu führen. Und vielleicht haben Ihre Schüler auch gar keine Lust dazu. Vielleicht ist es gar nicht erstrebenswert, daß bestimmte Textverständnisse hergestellt werden und Ihre Schüler am Ende der Stunde mit fertigen Antworten nach Hause gehen. Der Goethe-Text selbst hat – wie wir gesehen haben – eine andere Absicht: Er widersetzt sich der abschließenden Antwort, er will gar nicht vom Leser fertig gedeutet und damit auch abgelegt werden, sondern er veranlaßt den Leser zu immer neuen Fragen und öffnet dadurch auch immer neue Sinnzusammenhänge.

Statt alle möglichen Textbereiche auszudeuten, scheint es mir wichtiger zu sein, daß Ihre Schüler die Fragen des Textes aufgreifen und sie zu ihren eigenen machen können, um auf diese Weise in ein Gespräch mit dem Text zu treten. Und wenn dieses nur an einer Stelle erfolgt und damit nur eine T e x t e b e n e (= Textdimension) erfaßt wird, dann ist das vielleicht schon sehr viel und auch genug.

Selektives* Verstehen

So wie wir beim Lesen nicht alles beachten und aufnehmen, sondern das auswählen, was für uns interessant und bedeutsam ist, so können auch Sie im Unterricht das Verstehen Ihrer Schüler s e l e k t i v (= auswählend) fördern und entfalten. Sie müßten dafür nicht nur entscheiden, welche Text- und Themenbereiche Sie mit Ihren Schülern erarbeiten und besprechen möchten, sondern vor allem auch, wie Ihre Schüler sich mit dem Text auseinandersetzen sollten. Wir hatten in den vorhergehenden Kapiteln bereits auf verschiedene Arten (= M o d a l i t ä t e n *) des Verstehens hingewiesen: Der eine versteht eine Geschichte eher emotional, der andere eher vom Verstande her, der dritte zieht einen Text völlig in seine eigene Welt hinein, und der vierte läßt sich lieber in diese fremde Welt des Textes hineinziehen. Das sind verschiedene Richtungen und Art und Weisen des Verstehens, die alle ihren Stellenwert haben und die Sie im Unterricht abwechselnd betonen oder vernachlässigen können.

Aufgabe 44

Welche Art und Weisen des Verstehens möchten Sie fördern?

a) Möchten Sie, daß Ihre Schüler den Text eher gefühlsmäßig erfassen und es lernen, ihre Gefühle und subjektiven Reaktionen in der Fremdsprache auszudrücken (intuitives Erfassen, subjektiver Pol des Verstehens)?

b) Oder bevorzugen Sie den verstandesmäßigen Zugang, indem Sie vorrangig die sachlichen Zusammenhänge in einem Text behandeln – wie Handlungen, Situationen, Figuren ... etc. – und indem Sie Wert darauf legen, daß Ihre Schüler einen Text mit Abstand lesen und ihre Erfahrungen, Eindrücke, Reaktionen, Deutungen am Text überprüfen (objektiver Pol des Verstehens)?

c) Möchten Sie, daß Ihre Schüler den Text mehr in seinen gesellschaftlichen und kulturellen Bezugsrahmen einordnen können (kontextualisieren)?

d) Oder ist es Ihnen wichtiger, daß Ihre Schüler den Text – so wie sie ihn verstehen – auf sich und ihre Gegenwart beziehen können (Applikation)?

Erläuterung:

Wenn Ihre Schüler es z.B. nicht gewöhnt sind, sich persönlich-subjektiv zu äußern und über ihre Eindrücke zu sprechen, dann könnten Sie als Lehrer diese subjekt- und leserorientierte Auseinandersetzung mit dem fremdsprachlichen Text betonen – auch um den Preis, daß Ihre Schüler den fremden Text zu stark in ihre eigene Welt hineinziehen und dadurch verzerren.

Ihre Schüler könnten dadurch etwas lernen, was ein wichtiger Bestandteil des Verstehens ist: nämlich sich selbst – und zudem noch in der Fremdsprache – einzubringen und sich damit als Lesersubjekt zu erfahren. Wenn Ihre Schüler jedoch gerade dazu neigen, sich den fremden Text ganz persönlich und gefühlsmäßig anzueignen und ihn mit ihrer eigenen Welt überfluten, ohne genau zu lesen, was in dem Text steht, dann könnten Sie den Schwerpunkt auf den objektiven Pol und auf die Textseite legen. Sie könnten die Aufmerksamkeit Ihrer Schüler auf den Text und seine Signale lenken, Sie könnten sie dazu anregen, sich selbst und ihre Reaktionen zu beobachten und die eigenen Deutungen am Text zu überprüfen. Durch genaue Text- und Lesearbeit könnten Sie Ihre Schüler von der eigenen Welt fortführen und dem Verständnis der fremden Welt näherbringen.

Je nach Schülerreaktion, Interesse, kulturell bedingter Lektüreeinstellung und auch Lese- und Lerntyp Ihrer Schüler empfiehlt es sich, im Unterricht einmal den subjektiven* und ein anderes Mal den objektiven* Pol zu betonen; mal die Textseite stärker zu gewichten und mal die Leserseite; mal den gefühlsmäßigen Zugang und mal den verstandesmäßigen zu wählen. Ihre Schüler könnten dadurch verschiedene Art und Weisen des Verstehens und verschiedene Möglichkeiten der Auseinandersetzung mit einem fremdsprachlichen Text kennenlernen und dadurch insgesamt ihre fremdsprachlichen Verstehensfähigkeiten weiterentwickeln.

Verfahrensweisen

Wenn Sie nun entschieden haben, welche Schwerpunkte Sie im Unterricht setzen möchten und welche Ziele Sie anstreben, dann können Sie sich nun der Frage zuwenden: Wie gehe ich im Unterricht vor?

1. Phase: Schaffen eines Vorverständnisses

Sie könnten <u>vor der Lektüre</u> Ihre Schüler auf den Text vorbereiten, um damit die Lektüre und das Verständnis zu erleichtern. Es bieten sich dafür verschiedene Möglichkeiten an:

Aufgabe 45

Prüfen Sie bitte im Hinblick auf Ihre Schüler folgendes:

1. *Kennen Ihre Schüler Goethe? Möchten Sie vorher etwas über Goethe erzählen bzw. Ihre Schüler fragen, was sie bereits von Goethe wissen/ kennen?*

2. *Gibt es andere Informationen, die Sie Ihren Schülern vor der Lektüre mitteilen möchten, weil der Text sonst zu schwierig wäre – unbekannte Wörter, Hintergrundwissen?*

3. *Möchten Sie Ihre Schüler vorher über diese Geschichte und/oder die „Unterhaltungen deutscher Ausgewanderten" informieren? (Gattung, Entstehungszeit, historische Vorlage ... etc.)?*

4. *Oder sind solche Informationen uninteressant für Ihre Schüler und spielen auch für Ihre Ziele keine Rolle?*

5. *Möchten Sie Ihre Schüler allgemein auf den Text einstimmen, indem Sie z.B. danach fragen, was für Geschichten Ihre Schüler gerne lesen oder, warum überhaupt Geschichten erzählt werden? Dieser Einstieg könnte die Frage vorbereiten, warum diese Geschichte überhaupt erzählt wird (erzählerische Motivation).*

6. *Möchten Sie Ihre Schüler gezielt auf die inhaltliche Thematik der Geschichte vorbereiten, indem Sie allgemein über Mann-Frau-Beziehungen in Ihrer Gesellschaft sprechen?*

   Dabei könnten bereits gesellschaftliche Normen/Konventionen zur Sprache kommen, die später mit denen des Textes verglichen werden könnten.

Was Sie in dieser Vorphase machen, hängt davon ab, wie Sie später mit dem Text arbeiten möchten und was Sie bei Ihren Schülern erreichen möchten.

Lerntheoretischer Aspekt

Diese Phase vor der Lektüre hat lerntheoretisch gesehen die Aufgabe, bei dem Leser/ Lerner eine <u>Wissens- und Verstehensgrundlage</u> zu schaffen, die ihm das Textverstehen erleichtert.
Wir hatten ja bereits in Kapitel 2 gesagt, daß wir besser lernen und verstehen, wenn wir das Neue mit dem Bekannten/Vertrauten verknüpfen können. So eine Grundlage des Vertrauten können Sie im Unterricht aufbauen, indem Sie neue Informationen geben und/oder vorhandenes Wissen Ihrer Schüler a k t i v i e r e n (= beleben).
Ein Vorwissen zu aktivieren oder neu aufzubauen schafft ein Vorverständnis bei Ihren Schülern. Mit Hilfe dieses Vorverständnisses können Ihre Schüler Textinhalte leichter

erfassen und einordnen. Dieser lerntheoretische Gedanke wurde von D.P. Ausubel (1974) ausführlich beschrieben und begründet.

Allerdings möchte ich auch einen Einwand gegen dieses Vorgehen formulieren. Ein Einwand, der gerade das Lesen literarisch-ästhetischer Texte betrifft und nicht so sehr Sachtexte. Es besteht die Gefahr, daß ein solches zuvor erzeugtes Vorverständnis den Verstehensprozeß Ihrer Schüler von vornherein steuert und damit das Verstehen festlegt. Diese Steuerung steht im Widerspruch zu der Auffassung, daß jeder Leser/ Lerner seine eigene Deutung und seine Lesart gewinnen sollte und der Lehrer ihm möglichst dazu verhelfen sollte.

Die Entscheidung, ob Sie vor der Lektüre eine Phase vorschalten und was Sie in dieser Phase machen, muß wohl jeweils neu geprüft werden. Auf jeden Fall sollte diese Vorphase kurz sein, denn sie soll ja nur auf das Eigentliche hinführen. Aber sie muß so lang sein, daß Verstehen zustande kommen kann.

2. Phase: Einstieg in die Textarbeit

Ganz entscheidend ist, wie Sie die Textarbeit und das Gespräch im Unterricht eröffnen möchten. Gerade der Einstieg ist ein Angelpunkt, von dem aus sich alles weitere entwickelt. Für Ihre weitere Planung nach der Lektüre überprüfen Sie zunächst den Text auf folgendes:

<table>
<tr><td>Aufgabe 46</td><td>

1. *Welche Einstiegsmöglichkeiten bietet der Text? Offene Fragen, zentrale Schlüsselszenen, Figuren, Geschehnisse?*

2. *Worauf sprechen Ihre Schüler am besten an: spontane Reaktionen, Interessen, Aufmerksamkeiten, Identifikationen?*

3. *Welche Möglichkeiten, an die Erfahrungswelt Ihrer Schüler anzuknüpfen, bietet der Text: Themen, Inhalte, Problemstellungen?*

</td></tr>
</table>

Sie haben nun verschiedene Möglichkeiten, die Textarbeit zu eröffnen. Ihre Entscheidung hängt von Ihren Zielen und Schwerpunkten ab (s. Aufgabe 44 und 45).

<table>
<tr><td>Aufgabe 47</td><td>

Womit möchten Sie beginnen?

1. *Bestimmung des globalen Themas durch eine knappe Zusammenfassung?*

2. *Gezielte Verständnisfragen zum Hauptinhalt?*

3. *Gliederung des Textes in Absätze und Titelzuordnung?*

4. *Thematisieren einer Schlüsselszene*
   a) indem an den offenen Fragen angesetzt wird
   b) indem Sie die subjektiven Reaktionen auf diese Szene ansprechen?

5. *Beschreiben des ersten Gesamteindrucks?*

6. *Fragen, was Ihre Schüler besonders interessiert, was besonders auffällig und überraschend ist?*

7. *Fragen nach den gefühlsmäßigen Einstellungen gegenüber Figuren und ihrem Verhalten?*

8. *Anknüpfen an der Erfahrungswelt Ihrer Schüler; möglicherweise vergleichen?*

9. *Fragen nach Verständnisschwierigkeiten?*

</td></tr>
</table>

Erläuterung:

Ich war beim Goethe-Text von Ihrem ersten Eindruck ausgegangen. Aber das muß man nicht so machen. Es kann sein, daß Ihre Schüler auf eine so offene Frage nach dem ersten Eindruck und der ersten Reaktion gar nicht viel sagen können, z.B. deshalb nicht, weil sie noch viel zu sehr damit beschäftigt sind, sich den Geschichtenablauf klarzumachen. Oft ist es hilfreicher, wenn Sie am konkreten Textgeschehen ansetzen und den Weg entweder vom Globalthema zum feineren und tieferen Verständnis gehen oder auch von einer Schlüsselszene und den Reaktionen darauf zu einem Gesamtverständnis des Textes.

Ihre vorherigen Überlegungen über die Art und Weise des Verstehens und über die Text- und Verstehensstufen fließen an dieser Stelle zusammen.

- Wenn Sie den verstandesmäßigen Einstieg bevorzugen, dann können Sie am Globalthema und der Beantwortung von Inhaltsfragen ansetzen.
- Wenn Sie den gefühlsmäßigen und stärker subjektiven Einstieg wählen möchten, können Sie vom ersten Eindruck, den ersten Reaktionen und den Interessen und spontanen Fragen Ihrer Schüler ausgehen.

Wie wichtig Gefühle und Wertungen beim Lesen und Verstehen literarischer Texte sind, habe ich immer wieder betont. Manche Texte mögen es Ihren Schülern leicht machen, sich persönlich zu engagieren: Sie können sich in Figuren hineinversetzen, haben eine Meinung zu bestimmten Handlungsweisen und nehmen Partei für die eine oder andere Figur.

Aber oftmals ist diese persönliche und gefühlsmäßige Aneignung eines Textes nicht von vornherein möglich, sondern muß erst gelernt werden, z.B. dann, wenn die Gefühle und Werthaltungen Ihrer Schüler an kulturell anderen Konventionen und Normen geschult sind als die, die dem Text zugrunde liegen. In dem Fall bilden <u>Gefühle und wertende Einstellungen</u> Ihrer Schüler nicht unbedingt den Startpunkt für den Unterricht, sondern ein <u>Ziel</u>. Ein Ziel, das den kulturellen Abstand überwinden möchte, indem Ihre Schüler dazu befähigt werden, den fremdsprachlichen Text und seine Inhalte in ihren persönlichen Gefühls- und Erfahrungshaushalt einzubinden.

Wie erreicht man aber dieses Ziel?

Die Gefühle Ihrer Schüler können Sie schrittweise entfalten, indem Sie über die Handlungen, die Figuren, deren Verhalten und Beziehungen untereinander sprechen. Indem Sie zunächst von solchen konkreten Inhalten ausgehen, können Gefühle und Wertungen Ihrer Schüler in bezug auf Figuren und ihre Handlungen geweckt werden und lassen sich dann auch im Unterricht thematisieren.

Sollte sich im Gespräch zeigen, daß Ihre Schüler z.B. den Bassompierre mit einem Maßstab bewerten, der aus ihrer Welt stammt und dem Bassompierre nicht gerecht wird, dann könnten Sie jetzt auf den Text zurückgehen und die darin geltenden Normen und Werte herausarbeiten (vgl. Aufgabe 34). Auf diese Weise ließe sich über den emotionalen Bereich ein Lernprozeß einleiten.

3. Phase: Erfassen des konkreten Geschehens

Angenommen, Sie möchten nach dem ersten Einstieg – ob global oder im Detail, ob subjektiv-emotional oder sachlich-distanziert – das erste Textverständnis sichern, wie möchten Sie vorgehen?

Aufgabe 48

1. Freies Nacherzählen der Geschichte von Anfang bis Ende?

2. Ausfüllen des folgenden Rasters:

Zeit (wann?)	Ort (wo?)	Geschehen (was?)

> *Ihre Schüler hätten damit die zeitliche, räumliche und inhaltliche Gliederung der Geschichte erfaßt. Sie erinnern sich, wie grundlegend die Wahrnehmung solcher Gliederungen für das Verstehen ist? (s. Kap. 3)*
>
> *Zu Ihrer eigenen Übung formulieren Sie bitte Fragen, die sich auf die wichtigsten Geschehnisse und Situationen des Textes beziehen.*

Bei diesen Fragen handelt es sich um <u>Fakten- oder Inhaltsfragen</u>, das sind Fragen, die sich auf das beziehen, was der Text direkt mitteilt.

4. Phase: Vertiefung des Textverständnisses durch Erschließen von Motiv- und Handlungszusammenhängen

Nehmen wir weiterhin an, Sie möchten das erste Textverständnis Ihrer Schüler vertiefen und die einzelnen Geschehnisse und Situationen der Geschichte ausdeuten. Vielleicht stellen Ihre Schüler von sich aus Fragen, die weiterführen, aber vielleicht müssen Sie selbst Fragen stellen, um das Gespräch und die Deutung anzuregen.

Aufgabe 49

> - *Formulieren Sie Fragen zu den Deutungsbereichen des Goethe-Textes, die Sie gerne im Unterricht behandeln möchten.*
>
> - *Zu Ihrer Hilfe blättern Sie noch einmal zu der Zusammenfassung auf S. 33 zurück, und bedenken Sie, welche Fragen wichtig sind für das Textverständnis.*

Im Unterschied zu den Faktenfragen handelt es sich bei Fragen, die sich auf Deutungsbereiche eines Textes wie Motive, Wertungen ... etc. beziehen, um I n t e r p r e t a t i o n s f r a g e n . Sie stellen höhere Anforderungen an einen Leser als Faktenfragen.

Da der Text diese Fragen selbst aufwirft, könnten Sie solche Fragen stellen oder besser noch Ihre Schüler auffordern, ihre eigenen Fragen zu formulieren. Wenn Sie sich vorher solche Interpretationsfragen überlegen, dann hat das den Vorteil, daß Sie im Unterricht einen Vorrat haben, aus dem Sie nach Bedarf schöpfen können. Auf keinen Fall sollten Sie jedoch alle diese Fragen mechanisch durchgehen.

Durch die Fragen von Ihnen und Ihren Schülern öffnen sich möglicherweise weitere Wege für den Unterrichtsverlauf. Wege, die ich nicht vorhersagen kann; denn sicherlich haben Sie und Ihre Schüler Fragen, die sich mir als muttersprachlichem Leser gar nicht stellen. Vieles, was für mich klar und selbstverständlich ist, ist möglicherweise unklar für Sie. Außerdem könnten Sie als fremdsprachiger Leser noch Fragen haben, die im Text gar nicht enthalten sind. Fragen, die dadurch zustande kommen, daß Sie in einer anderen kulturellen und gesellschaftlichen Wirklichkeit stehen, als sie im Text vorkommt.

5. Phase: Abschluß

Wie immer Sie das Gespräch führen, wie tief Sie in den Text eindringen, wie Ihre Schüler den Text für sich beleben und wie Sie deren Aufmerksamkeit lenken, um mehr von dieser fremden Welt zu verstehen, wichtig scheint es mir zu sein, daß Sie am Ende die vielen verschiedenen Gesichtspunkte wieder zu einer <u>Ganzheit</u> zusammenbinden. Das würde Ihren Schülern eine Orientierung geben und das Gefühl hinterlassen, „etwas in der Hand zu haben".

Wie macht man das? Ein beliebtes Verfahren besteht darin, an den Ausgangspunkt zurückzukehren.

Was möchten Sie tun?

a) *Bestätigung und Korrektur der ersten Deutungshypothese (globales Thema)?*

b) *Den offenen Fragen zu Anfang ein jetzt hergestelltes Verständnis gegenüberstellen?*

c) *Dem ersten Eindruck das abschließende Verständnis gegenüberstellen, vergleichen?*

d) *Bilden einer zusammenfassenden Globalhypothese über Sinn und Zweck/ Intention des gesamten Textes?*

e) *Abschließendes Werturteil?*

f) *Ein allgemeines Gespräch über ein Thema, ein Problem ... etc. des Textes führen?*

5.1 Ästhetische Wahrnehmung

Wir hatten im vorhergehenden wiederholt betont, daß der Leser zunächst auf die Inhalte von Texten konzentriert ist. Alle konkreten Geschehnisse, Situationen und Personen stehen im Mittelpunkt seiner Aufmerksamkeit.

Doch gerade in literarisch-ästhetischen Texten ist die F o r m (= die Darstellungsweise) oft entscheidender als die dargestellten Inhalte. Für den fremdsprachigen Leser sind alle Bedeutungen, die durch die Art und Weise des Darstellens/Erzählens vermittelt sind, schwerer zugänglich als Textinhalte. Ihre Wahrnehmung und Bewertung erfordern oft eine ästhetische Sensibilität, ein Sprachgefühl und eine literarische Erfahrung, die ein fremdsprachiger Leser nur über eine längere sprachliche und kulturelle Erfahrung erwerben kann.

Aus diesem Grunde möchte ich in diesem Kapitel den Schwerpunkt auf die Wahrnehmung der literarischen Form legen und einen Vorschlag machen, wie Sie die Wahrnehmungsfähigkeit Ihrer Schüler für formal-stilistische Ausdrucksmittel und ihre Funktion entwickeln können.

Ich habe dazu einen Text von Günter Kunert ausgesucht, der einen altbekannten Märchenstoff aufgreift und ihn allein durch die Art und Weise seiner Darstellung in etwas Neues verwandelt. Was das Alte ist und was das Neue, werden wir im einzelnen untersuchen.

Sie kennen sicherlich das Dornröschen-Märchen der Gebrüder Grimm. Wenn nicht, so finden Sie es auf S. 86 – 88 abgedruckt, so daß Sie es rasch noch einmal durchlesen können. Dieses Märchen ist die Grundlage für den folgenden Text von G. Kunert:

Text

> **Dornröschen**
>
> Generationen von Kindern faszinierte gerade dieses Märchen, weil es ihre Phantasie erregte: wie da Jahr um Jahr eine gewaltige Hecke aufwächst, über alle Maßen hoch, ein vertikaler Dschungel, erfüllt von Blühen und Welken, von Amseln und Düften, aber weglos, undurchdringlich und labyrinthisch. Die Mutigen, die sie zu bewältigen sich immer wieder einfinden, bleiben insgesamt auf der Strecke: von Dornen erspießt; hinter Verhau verfangen, gefangen, gefesselt; von giftigem Ungeziefer befallen und vom plötzlichen Zweifel gelähmt, ob es diese begehrenswerte Königstochter überhaupt gäbe. Bis eines Tages endlich der Sieger kommt: ihm gelingt, was den Vorläufern mißlungen: er betritt das Schloß, läuft die Treppe empor, betritt die Kammer, wo die Schlafende ruht, den zahnlosen Mund halb geöffnet, sabbernd, eingesunkene Lider, den haararmen Schädel an den Schläfen von blauen wurmigen Adern bekräuselt, fleckig, schmutzig, eine schnarchende Vettel.
>
> Oh, selig alle, die, von Dornröschen träumend, in der Hecke starben und im Glauben, daß hinter dieser eine Zeit herrsche, in der die Zeit endlich einmal fest und sicher stände.

Kunert (1972), 82

Anmerkung: Eine „Vettel" ist eine unordentliche, alte Frau. „Sabbernd" heißt, daß Speichel aus dem Mund fließt. „Vertikal" heißt ‚senkrecht'. „Verhau" bedeutet hier: ein Gewirr, das wie ein Gefängnis ist. „Bekräuselt" meint hier: Die Haut ist sehr faltig, nicht glatt.

Aufgabe 51

> *Fällt Ihnen spontan etwas auf, wenn Sie jetzt den Text von G. Kunert gelesen haben?*
>
> *Wie finden Sie diesen Text?*

Kunert verwandelt den alten Märchenstoff. Er nimmt bestimmte Elemente des Dornröschen-Märchens auf, so daß der Leser das Märchen wiedererkennen kann. Und zugleich verändert er diese Elemente.

Aufgabe 52

1. Was ist in beiden Texten gleich?

Fassen Sie einmal die Hauptinhalte des Dornröschen-Märchens, die auch bei Kunert vorkommen, in kurzen Sätzen zusammen.

2. Worin unterscheidet sich Kunerts Fassung des Dornröschen-Märchens von der der Gebrüder Grimm?

	Grimm	*Kunert*
gemeinsam		
verschieden		

3. Wie wirken diese Veränderungen auf Sie?

Schauen wir uns die Texte genauer an, um herauszubekommen, wie Kunert Märchenelemente verändert und mit welchen Mitteln.

Dieselben Inhalte können sprachlich anders ausgedrückt werden – wie diese Fassungen des Dornröschen-Märchens zeigen. Durch die Art und Weise, wie Kunert die Märchenelemente versprachlicht, setzt er andere Akzente und entwickelt neue thematische Zusammenhänge.

Allgemein gehören zu den S t i l m i t t e l n , von denen ein Autor Gebrauch machen kann, einerseits: die W o r t w a h l , der S a t z b a u und M e t a p h e r n , zum anderen aber auch, wie genau und ausführlich ein Gegenstand beschrieben wird. Des weiteren müssen für die Charakterisierung des Kunert-Textes noch G a t t u n g s - g e s e t z e mit einbezogen werden. Wir werden diese Stilmittel und ihre unterschiedliche Verwendung nun nacheinander betrachten.

Aufgabe 53

Vergleichen Sie einmal den ersten Satz, mit dem Kunert in die Märchenwelt einsteigt, mit der entsprechenden Passage des Grimmschen Märchens:

"Rings um das Schloß aber begann eine Dornenhecke zu wachsen, die jedes Jahr höher ward und endlich das ganze Schloß umzog und darüber hinauswuchs, daß gar nichts mehr davon zu sehen war, selbst nicht die Fahne auf dem Dach."

Brüder Grimm (1977), 282

Aufgabe 54

1. *Wirken die Sätze unterschiedlich auf Sie?*

2. *Charakterisieren Sie bitte den jeweiligen „Stil" in den beiden Sätzen. Verwenden Sie dazu die obengenannten Stilmerkmale.*

3. *Prüfen Sie bitte genau: Was ist das jeweilige Thema in den beiden Sätzen?*

4. *Was steht im Mittelpunkt der beiden Sätze:*
   - das Schloß?
   - die Hecke?

5. *Beschreiben Sie bitte genauer: Wie wird die Hecke bei Kunert beschrieben? Wie wirkt diese Beschreibung auf Sie?*

6. *In einem Märchen haben alle Elemente eine bestimmte Funktion.*
   a) Welche Funktion hat die „Hecke" in dem alten Dornröschen-Märchen?
   b) Ändert sich diese Funktion bei Kunert?

Aufgabe 55

Zweiter Satz:

Kunert-Text	*Grimm-Text*
Die Mutigen,	...also daß von Zeit zu Zeit Königssöhne kamen und durch die Hecke in das Schloß dringen wollten.
die sie zu bewältigen sich immer wieder einfinden,	
bleiben insgesamt auf der Strecke: von Dornen erspießt;	Es war ihnen aber nicht möglich, denn die Dornen, als hätten sie Hände, hielten fest zusammen,
hinter Verhau verfangen, gefangen, gefesselt; von giftigem Ungeziefer befallen	und die Jünglinge blieben darin hängen, konnten sich nicht wieder losmachen und starben eines jämmerlichen Todes.
und vom plötzlichen Zweifel gelähmt, ob es diese begehrenswerte Königstochter überhaupt gäbe.	

Vergleichen Sie bitte beide Sätze:

1. Fallen Ihnen Unterschiede in den sprachlichen Ausdrucksmitteln auf: Namen, Wortstellung, Satzbau, Metaphern...etc.?

2. Haben die stilistischen Mittel eine unterschiedliche Wirkung auf Sie?

3. Was ist das Handlungsziel der „Mutigen" und was das der „Königssöhne"?

4. Bestehen noch weitere Unterschiede zwischen den „Mutigen" und den „Königssöhnen"?
   - *Werden sie anders charakterisiert? Wenn ja, wie?*
   - *Ist die Charakterisierung der „Mutigen" bei Kunert noch typisch für ein Märchen?*
   - *Haben sie jeweils eine unterschiedliche Funktion innerhalb des Handlungsgeschehens?*

5. Was ist ihr jeweiliger Gesamteindruck?

Der „Sieger" bei Kunert findet anders als im alten Märchenstoff nicht das wunderschöne Dornröschen vor, sondern eine alte, sabbernde „Vettel".

Aufgabe 56

1. Was bedeutet diese Umdeutung?

2. Warum macht Kunert das?

3. Wie wirkt dieser Schluß auf Sie?

Nach diesen Einzeluntersuchungen können wir uns dem Kunert-Text noch aus einer übergeordneten Perspektive nähern: nämlich der der Gattung Märchen.
Indem Kunert einzelne Elemente des Märchens umbildet, verändert er die Märchenwelt und die darin geltenden Gesetze.

Aufgabe 57

1. Wodurch ist ein Märchen allgemein charakterisiert?

2. Welche Gattungsgesetze durchbricht Kunert?

Hieran schließt sich wiederum die Frage an, warum Kunert das alte Märchen umbildet und umdeutet. Was bezweckt er damit?

Aufgabe 58

1. Haben Sie eine erste Hypothese, was Kunert mit der Umdeutung des Märchens beabsichtigt?

2. Worum geht es eigentlich bei Kunert?

Beide Texte stehen in einer wechselseitigen Beziehung: Durch die Umdeutungen Kunerts tritt das alte Märchen in eine andere Perspektive. Der Kunert-Text bildet den Hintergrund, vor dem das Märchen neu gesehen werden muß. Und umgekehrt erschließt sich der Kunert-Text nur aus der Perspektive des alten Dornröschen-Märchens heraus.
Doch in diese Wechselbeziehung ist immer der Leser eingebunden; denn er muß die

45

veränderte Blickrichtung auf das Dornröschen-Märchen mitvollziehen, um von dort aus wiederum rückzublenden auf den Kunert-Text und seine Intentionen.

Die Blickrichtung des Lesers ist wiederum geprägt durch die lange Tradition des Erzählens und Rezipierens von Märchen. Der einleitende Satz Kunerts nimmt direkt Bezug auf diese Tradition und die Faszinationskraft des Dornröschen-Märchens. Die Rezeption von Märchen ist weitgehend konventionalisiert. Das Märchen und seine Spielregeln sind anerkannt, wohlvertraut und gehören zum festen Bestand der Überlieferung.

Indem Kunert die Märchengesetze durchbricht und umdeutet, wird das Dornröschen-Märchen v e r f r e m d e t – dem Wortsinne nach bedeutet das: fremdgemacht, dem Vertrauten entrissen.

Vor allem der Schluß, wo der Königssohn eine alte Vettel vorfindet, zerstört die alte Märchen i l l u s i o n * vom schönen Dornröschen und vom glücklichen Ende.

Von hier aus stellt sich die Frage: Will Kunert uns mit dieser Fremdmachung etwas sagen, was das alte Märchen uns nicht mehr zu sagen vermag? Worauf will er den Blick des Lesers lenken?

Was meinen Sie?

1. Warum desillusioniert Kunert den Leser?

2. Warum verfremdet er das Märchen?

3. Was will er beim Leser – bei uns also – erreichen?

Aufgabe 59

Für unsere weiteren Betrachtungen müssen wir noch den Schlußsatz miteinbeziehen, wo der Erzähler diejenigen preist, die in der Hecke starben.

Aufgabe 60

1. Was bedeutet dieser Kommentar des Erzählers?
   Wie verstehen Sie ihn?

Da dieser Schlußkommentar vielschichtig ist und auf verschiedene Weise mit dem Vorhergehenden verbunden werden kann, gebe ich Ihnen einige <u>Verstehenshilfen</u>, wie Sie herangehen könnten:

2. Was ist die inhaltliche Aussage dieses Satzes?

3. Welche Aspekte des Vorhergehenden werden hier thematisiert?

4. Wie verhält sich die Aussage dieses Satzes zu dem vorhergehenden Text?
   - Bestehen Widersprüche/Gegensätze?
   - Wird das Vorhergehende bzw. werden Teile des Vorhergehenden in eine neue Perspektive gerückt?

5. Tauchen neue Fragen bei Ihnen auf?

Ich weiß nicht, was der Schlußkommentar bei Ihnen alles an Gedanken auslöst, mich jedenfalls macht er sehr nachdenklich. Schien es nicht so, als wolle Kunert den Leser bis zu dem Punkt führen, wo die Märchenillusion zerbricht, indem der Sieger wie der Leser mit der ernüchternden Realität einer alten Vettel konfrontiert werden?

Aber wenn diese Desillusionierung sein Ziel gewesen wäre, warum preist er dann am Ende diejenigen, die noch im Glauben an das schöne Dornröschen starben und somit an der Illusion festhalten konnten? Liegt da nicht ein Widerspruch, wenn Kunert einerseits das Dornröschen in die Zeit stößt und sie ins Bild alternder Häßlichkeit setzt, und er andererseits diejenigen lobpreist, die in der Illusion eines zeitlos-schönen Dornröschens starben? Beneidet er die „Gescheiterten"? Und was heißt eigentlich „gescheitert"? Stellt sich der Sieger vom Schluß her betrachtet nicht als der Gescheiterte dar? Und umgekehrt die Gescheiterten als die eigentlichen Sieger? Wenn dem so ist, was aber bedeutet das alles?

Zerstört er die Illusion des Märchens vielleicht nur deshalb, um sie gerade dadurch zu retten? Wird das Märchen letztlich entzaubert und fremdgemacht, um es dem Leser in seinen eigentlichen Qualitäten und Gesetzen bewußtzumachen: daß er das erste Mal begreift, was das Märchen zu einem Märchen macht?

Rettet Kunert die Illusion des Märchens, die auf einer Ästhetik des Schönen, Wahren und Guten beruht, indem er sie dem Leser entreißt und sie denen überantwortet, die im Labyrinth der Hecke starben? Oder ist der Erzähler am Ende nur ironisch und will umso stärker auf Realitäten verweisen?

Aufgabe 61

> - *Was meinen Sie zu meinen Überlegungen?*
> - *Warum kann Kunert an dem alten Märchen und seinem Zauber nicht mehr festhalten, warum zerstört er es und desillusioniert damit den Leser?*
> - *Und warum preist er zugleich diejenigen, die in der Illusion starben?*

Ist es am Ende nur die Klage über eine Weltordnung, die mit ihren klaren Gesetzen von gut und böse und dem unumstößlichen Sieg alles Guten, Wahren und Schönen und ihrer Zeitlosigkeit für uns verlorengegangen ist? Zugleich aber auch ein Festhalten an etwas, was zu unserem festen Traditionsbestand gehört und darin seinen Wert hat: nämlich an der dem Märchen eigenen <u>Ästhetik</u> und der in ihr gebundenen Erfahrung von Welt?

Ich weiß keine letztliche Antwort auf diese Fragen. Ich weiß nur eins, daß der Kunert-Text in seinen mehrfachen perspektivischen Brechungen so hintergründig ist, daß er all diese Fragen und Gedanken in mir auslöst.

<u>Schlußkommentar:</u>

Kunert benutzt ein bekanntes Muster – das Dornröschen-Märchen – und deutet es so um, daß es fremdgemacht wird. Man kann sagen: Er <u>ver</u>fremdet es, um es dem Leser zu <u>ent</u>fremden. Es ist ein oft verwendetes literarisches Verfahren, bestimmte Konventionen umzubilden – wie hier Gattungskonventionen –, um damit eingespielte Erwartungen und Sehgewohnheiten des Lesers zu verändern.

Durch Brechung verfestigter Sehgewohnheiten soll ein <u>neues Sehen</u> (und Verstehen) ermöglicht werden.

Da die Wahrnehmungskonventionen des Lesers im wesentlichen durch die Form – dazu gehören sowohl die sprachlichen Ausdrucksmittel wie die Gattungsregeln – umgebildet werden, wird der Blick des Lesers zugleich auf das eigene Verfahren gelenkt. Das Verfahren selbst wird damit als ein <u>Kunstverfahren</u> thematisiert. In der Kunsttheorie (= Ä s t h e t i k) (z.B. J. Mukařovský, 1970) nennt man diese Hinlenkung auf die eigene Form auch „den Rückbezug des Gegenstandes auf sich selbst". Darin liegt das Eigentliche des Literarisch-Ästhetischen. Ihr entspricht auf der Seite des Lesers eine <u>ästhetische Wahrnehmung.</u>

Zusammenfassung

Wir haben im vorhergehenden mehrere <u>Sinn- und Verstehensebenen</u> durchgespielt, die ich nun noch einmal zusammenfassen möchte mit entsprechenden methodischen Hinweisen auf das praktische Vorgehen im Unterricht:

<u>1. Ebene:</u> die Textinhalte:
<u>Was</u> wird gesagt?
Zusammenfassen der Handlungskerne des Dornröschen-Märchens.

<u>2. Ebene:</u> Wahrnehmung stilistischer Unterschiede/der Form:
<u>Wie</u> wird was gesagt?

Methode: Vergleichen, um stilistisch wichtige Elemente zu ermitteln.

a) auf der Wort- und Satzebene: Lexeme, Satzbau, Metaphorik

b) auf der Textebene: Themenführung, Perspektive, Ausführlichkeit oder Knappheit der Beschreibung eines Gegenstandes

c) auf der Gattungsebene: Zeit und Raum, Wertordnung, Ästhetik des Guten, Wahren und Schönen.

<u>3. Ebene:</u>   Bedeutung von Stilelementen/
               Interpretation von Stilelementen

Methode: Bestimmung von Funktionen: Welche Funktion könnte ... haben?
Ziel: Bildung von Zusammenhängen, in die sich einzelne Elemente einordnen lassen.

<u>4. Ebene:</u>   Herstellen einer Ganzheit, eines Gesamtverständnisses

Mögliche Fragestellungen:
- Worum geht es?
- Was ist das Thema?
- Worauf zielt der Text?
- Was könnte die Absicht des Erzählers sein?

<u>5. Ebene (Meta-Ebene):</u> Bestimmung der erzählerischen Motivation und der Rolle des Lesers

Mögliche Fragestellungen:
- Warum desillusioniert der Erzähler den Leser?
- Was will er beim Leser erreichen/ bewirken?

<u>6. Ebene:</u>   Reflexion auf das Verfahren selbst

Ziel: Wahrnehmung und Vermittlung ästhetischer Begriffe. Es handelt sich dabei um eine höhere Deutungsstufe.

<u>7. Ebene:</u>   Einbeziehen des Erzählerkommentars am Schluß und damit des Rahmens der Geschichte

<u>8. Ebene:</u>   Applikation des Textes

Ziel: Verallgemeinerung vom konkreten Text und Ausweitung des Textes auf den Lebenszusammenhang des realen fremdsprachigen Lesers.

5.2 Schulung einer ästhetischen Wahrnehmung

Mit diesem Kunert-Text könnten Sie Ihre Schüler für formal-stilistische Ausdrucks- und Gestaltungsmittel und deren Funktion in literarischen Texten schulen. Das Dornröschen-Märchen wäre das gemeinsame und vertraute Bezugssystem, vor dessen Hintergrund sich Ihre Schüler die <u>Fremdperspektive</u> dieses Textes erschließen können. Wieweit sich unter den Bedingungen der kulturräumlichen Distanz zwischen Ihnen bzw. Ihren Schülern und diesem Text das Ganze noch einmal um eine Perspektive der Fremdheit verschiebt, kann ich nicht vorhersagen. Dieses herauszufinden und zu thematisieren, wäre Ihre Aufgabe. Vielleicht haben Sie diese Ihre eigene Perspektive schon fortlaufend gespürt beim Lesen dieses Kapitels und in der Abgrenzung von meiner Betrachtungsweise.
Da Märchen mit ihren geltenden Gesetzen und Normen sicherlich auch zum Bestand Ihrer Kultur gehören, läßt sich das ästhetische Verfahren der Verfremdung des Gewohnten am Text selbst gewinnen. Dadurch können Sie bei Ihren Schülern eine

ästhetische Wahrnehmung schulen und auch entsprechende Kunstbegriffe, die in meiner Kultur eine wichtige Rolle spielen, in der Auseinandersetzung mit dem Text aufbauen.

Die zuvor unterschiedenen Sinn- und Verstehensebenen mit den Hinweisen auf das praktische Vorgehen im Unterricht und auf Fragerichtungen, die von einer Ebene auf die nächst höhere führen, können Sie auch in der Weise im Unterricht durchlaufen. Dabei gilt auch hier: Wie weit Sie gehen und wie genau Sie einzelne Bereiche behandeln, hängt von Ihren Zielen und dem vorhandenen Kenntnisstand Ihrer Schüler ab.

<u>Zum methodischen Verfahren:</u>

Der T e x t v e r g l e i c h ist eine Methode, um die Wahrnehmungsfähigkeit Ihrer Schüler für Formal-Stilistisches und deren Bedeutungen zu schulen. Wobei die Vergleichsarbeit immer das Beobachten und Befragen der Wirkungen auf Ihre Schüler miteinschließen sollte.

Mit diesem vergleichenden Verfahren geht das f u n k t i o n a l e V o r g e h e n einher. Es ist hilfreich, sich Sinnzusammenhänge zu erarbeiten, indem man nach der Funktion von Elementen fragt. Die Funktionsbestimmung erfolgt in mehrere Richtungen:

a) Funktion im Hinblick auf die dargestellten Inhalte
b) Funktion im Hinblick auf den Erzähler und seine Absichten
c) Funktion im Hinblick auf den Leser und beabsichtigte Wirkungen auf ihn.

Mit der funktionalen Einordnung von Stilelementen erwerben Ihre Schüler außerdem D e u t u n g s t e c h n i k e n : Sie müssen wichtige Faktoren des Textes auswählen und in ihrer Funktion innerhalb eines Zusammenhanges bewerten. Sie müssen für die Bewertung eines Elementes den Kontext miteinbeziehen. Sie müssen ihren Standort verändern können (z.B. durch Einbeziehen des Schlußkommentars) und dadurch neue Aspekte in Betracht ziehen und zu neuen Einordnungen gelangen.

Unter verstehensdidaktischem Gesichtspunkt können Ihre Schüler in der Auseinandersetzung mit diesem Text von Kunert einen Erfahrungs- und Verstehensvorgang durchlaufen, den der Text selbst veranlaßt und lenkt, um den Leser auf diese Weise auf seine Absichten und Ziele hinzuführen.

6.1 Perspektivenwechsel

Wie wir zuvor gesehen haben, ist das Lesen und Verstehen ein dialogischer Vorgang zwischen Text und Leser. Ein Vorgang, bei dem der Leser sehr viel von sich, von seinen Neigungen, Interessen, Vorstellungen und seinem Wissen hineingibt. Doch ist das, was der Leser hineingibt, um zu verstehen, nicht beliebig, sondern erfolgt stets im Austausch mit den Angeboten und den Aufforderungen des Textes.

Texte enthalten ihre eigenen <u>Verstehensbedingungen</u>: in der Art, wie sie sich dem Leser öffnen oder verschließen, wie sie Fragen aufwerfen, auf Deutungszusammenhänge anspielen oder diese ausdrücklich angeben, wie sie Erwartungen erzeugen und brechen, wie sie sich auf Konventionen des Lesers stützen und diese umbilden ...u.a.m. Je mehr ein Leser in einem Text sieht, je mehr er von den Angeboten und Aufforderungen des Textes wahrnehmen und nutzen kann, desto mehr kann er sich selbst als aktiven Mitspieler einbringen, und desto mehr versteht er auch.

Ziel

Mehr sehen und mehr verstehen kann man lernen, indem man mit möglichst vielen und sehr unterschiedlich strukturierten Texten Erfahrungen macht. Aus diesem Grunde möchte ich Ihnen im folgenden einen Text von Gabriele Wohmann vorstellen, der eine völlig andere S t r u k t u r (= Aufbau, innere Ordnung) hat als die zuvor behandelten Texte. Ich habe diesen Text „Verjährt" aus drei Gründen ausgewählt:

1. Er scheint mir besonders gut geeignet zu sein, moderne literarische Techniken der Lenkung des Lesers und seines Verstehens deutlich zu machen.

2. Er ist hochgradig <u>kontextualisiert</u>, d.h. fest eingebunden in einen bestimmten gesellschaftlichen Zusammenhang.

   Wenn ich zuvor die Offenheit literarischer Texte und die Deutungsspielräume betont habe, so möchte ich jetzt auf die <u>Bestimmtheit</u> und die Eingrenzung von Deutungsspielräumen hinlenken. Nicht zuletzt deshalb, weil die Bestimmtheit dieses Textes die Anwendung kulturspezifischer Schemata von einem Leser fordert. Damit wird im Hinblick auf den fremdsprachigen Leser das Problem interkulturellen Verstehens thematisch.

3. Zudem möchte ich ein neues Verfahren einführen, das geeignet ist, um die eigenen Leseerfahrungen sichtbar zu machen: die Anfertigung sogenannter <u>Leseprotokolle</u>.

Leseprotokoll

<u>Anfertigung eines Leseprotokolls</u>

Wir alle machen während des Lesens vielfältige Erfahrungen, die zumeist unbewußt in uns ablaufen: Erfahrungen, die mit dem Text zu tun haben, aber auch mit uns. Da diese Erfahrungen grundlegend sind für das Verstehen und Deuten eines literarischen Textes, ist es eine wesentliche Aufgabe der Literaturinterpretation wie auch des Literaturunterrichts, solche Leseerfahrungen sichtbar zu machen und sie damit auch dem anderen im Gespräch zugänglich zu machen.

Ich möchte daher ein kleines Experiment mit Ihnen machen und Sie bitten, einmal Ihre <u>Leseerfahrungen</u> schriftlich festzuhalten. Ein solches Leseprotokoll* anzufertigen ist keineswegs leicht, denn man muß sich während des Lesens zugleich selbst beobachten. Und da wir uns nicht alle Gedanken und Reaktionen, die in uns sind, bewußt machen und aufschreiben können, werden wir eine Auswahl treffen. Mich interessiert im Moment vor allem, ob Sie den Text als schwer verständlich, schwierig... etc. einstufen.

<u>Aufgabe 62</u>

> - *Lesen Sie bitte den Text „Verjährt" von G. Wohmann im Reader auf S. 90 – 92.*
> - *Lesen Sie ihn langsam und genau, und machen Sie während des Lesens einige Notizen,*
>   - *was Sie als schwierig empfinden,*
>   - *wo Sie vielleicht unsicher und irritiert sind,*
>   - *wo Sie Fragen haben,*
>   - *was Ihnen bei der ersten Lektüre nicht ganz klar ist.*
> - *Schreiben Sie nur auf, was Ihnen wirklich auffällt. Und wenn Ihnen nichts auffällt, wenn Sie weder Schwierigkeiten bemerken noch sonstige Reaktionen da sind, dann ist das auch gut.*

Ich könnte mir gut vorstellen, daß Sie den Text für schwer verständlich halten und an einigen Stellen etwas ratlos oder unsicher sind. Jedenfalls ging es mir so bei der ersten Lektüre. Dem Leser werden gewisse Hindernisse in den Weg gelegt, die ihm das leichte, bruchlose und flüssige Erfassen von Textinhalten verwehren. Er kann nicht einfach in die Welt dieses Textes hineinspringen und seinem „roten Faden" folgen, sondern er muß sehr genau lesen, um die wichtigsten Informationen mitzubekommen. Womit hängt nun diese Leseerfahrung zusammen?

Ich möchte jetzt mit Ihnen nicht nur die Verstehenshindernisse beseitigen, sondern auch klären, wodurch der Text das Verstehen erschwert. Wir können u.a. daraus lernen, was eigentlich Verstehen heißt. Wenn wir verstehen, was wir nicht verstehen bzw. was uns schwerfällt zu verstehen, dann haben wir, glaube ich, schon sehr viel verstanden. Unser erstes Ziel heißt somit: Verstehen des Verstehensproblems.

Wenden wir als erstes die Methode an, die Sie bereits in den ersten Kapiteln kennengelernt haben: festhalten, was wir wissen bzw. verstanden haben, um uns von dort aus dem Unbekannten und Schwerverständlichen zu nähern.

Aufgabe 63

Notieren Sie kurz, was Sie zu wissen bzw. verstanden zu haben glauben. Wenden Sie dabei die bekannten Fragen an:

a) Wer spricht und beobachtet?
b) Worüber spricht er?
c) In welcher äußeren Situation befindet sich der Sprecher/Erzähler?
d) Zu wem spricht der Sprecher/Erzähler?

War Ihnen aufgefallen, daß der Text sein Thema nicht geradlinig entwickelt, sondern seine Richtung ändert? Wenn nicht, schauen Sie sich die einzelnen Absätze noch einmal genau an, und ordnen Sie das jeweilige Thema zu.

Aufgabe 64

1. An welcher Stelle im Text ändert sich das Thema?

2. Falls Ihnen der Umschlag in der Themenführung aufgefallen ist, wie haben Sie reagiert?

   Überrascht, verunsichert? War der Themenwechsel schwer verständlich? Haben Sie angehalten und sind noch einmal zurückgegangen?

Mit dem ersten Satz eröffnet Gabriele Wohmann einen thematischen Rahmen, d.h., sie setzt ein Thema und läßt erwarten, daß dieses Thema im folgenden entwickelt wird. Diese Erwartung wird über weite Strecken aufrechterhalten bis zu dem Punkt, wo die Sprecherin von den Nachbarn auf sich und ihre Vergangenheit umschwenkt.

Vordergründig schien es um die Nachbarn zu gehen. Daran orientiert sich vorläufig auch der Leser. Dort, wo die Sprecherin ihr eigentliches Thema aufdeckt, wird die Wahrnehmung des Lesers umgelenkt und eine zuvor aufgebaute Erwartungshaltung gebrochen. Vom Aufbau des Textes her gesehen, ist hier eine Irritation des Lesers eingebaut.

In welchem Zusammenhang stehen nun beide Themenfelder: Was hat die Sprecherin mit den Nachbarn zu tun?

Aufgabe 65

1. Fanden Sie es schwierig, während des Lesens zu verstehen, was in der Vergangenheit der Nachbarn geschehen ist? Tauchten Fragen auf?

2. Wenn ja, können Sie sagen, woran das liegt? Wie macht G. Wohmann das?

Schauen Sie sich dafür die entsprechenden Textpassagen noch einmal genau an: Wie werden die vergangenen Geschehnisse vermittelt?

3. Was ist in der Vergangenheit dieser Nachbarn geschehen?
   Notieren Sie kurz die wichtigsten Ereignisse und die Folgen für die Beziehung zwischen den Eheleuten.

Erläuterung:

Die Hauptinformationen über vergangene Geschehnisse werden so verschlüsselt, daß dem Leser der direkte und leichte Zugang zu diesen Informationen erschwert wird. Sie werden teils überlagert von anderen Mitteilungen, und teils wird der Leser auf eine falsche Fährte gelockt, wenn es z.B. heißt: „... hat der Mann ein Kind überfahren". Der unbestimmte Artikel wäre eigentlich ein Signal, daß es nicht das eigene Kind ist. Aber wie sich später herausstellt, ist es doch das eigene Kind, das der Mann überfahren hat. Diese Stillage hängt mit der besonderen Perspektive des Textes zusammen. Der Text entfaltet sich aus der Sprech- und Wahrnehmungsperspektive der Frau. So wie Gedanken und Wahrnehmungen springen und zwischen Gegenwart und Vergangenheit hin- und herfließen können, so werden auch die Informationen über vergangene Geschehnisse gegeben. Sie folgen also dem Wahrnehmungsfluß der Frau. Das wird deutlich an folgendem Beispiel: „Zwei Hütten weiter rechts sieht ein Mädchen der Geliebten des Mannes sehr ähnlich." Von der Vergangenheit kommt die Frau wieder auf die Gegenwart: „Alles ist verjährt, scheint es nicht so?" Sie nimmt ein Mädchen am Strand wahr und verknüpft nun durch deren Ähnlichkeit mit der Geliebten des Mannes die gegenwärtige Beobachtung mit der Erinnerung an die Vergangenheit der Nachbarn.
Die Aussage dieses Satzes, daß das Mädchen der Geliebten des Mannes ähnlich sieht, ist nicht die Kerninformation, denn eigentlich geht es darum, daß der Mann eine Geliebte hatte. Aber diese Information wird nicht selbst ausgesagt, sondern lediglich vorausgesetzt bzw. mitbehauptet. Das Mädchen ist der äußere Reiz, über den vermittelt die Hauptinformation, daß der Mann eine Geliebte hatte, gegeben wird.
Die wichtigen Informationen werden so verschlüsselt, daß die Wahrnehmung des Lesers sich zunächst am Vordergründigen und Nebensächlichen entlangbewegt, bis sich die tieferen Schichten entfalten.
Nach der Rückblende auf die Vergangenheit der Nachbarn kommt die Frau auf ihre eigene Ehegeschichte zu sprechen.

Aufgabe 66

1. Was ist da geschehen?
2. Fanden Sie es schwierig, beim Lesen herauszufinden, was im einzelnen passiert ist?
   Hatten Sie Verständnisfragen?
3. Was läßt der Text offen? Welche Fragen wirft er auf?

Offenbar stellt die Sprecherin eine Verbindung zwischen ihrer Ehegeschichte und der ihrer Nachbarn her.

Aufgabe 67

Sehen Sie eine Parallele zwischen den Ehepaaren und ihrer Geschichte?

Wir haben nun einen Hintergrund gewonnen, vor dem die gegenwärtigen Beobachtungen und Reflexionen der Frau erst verständlich werden, und können uns dem ersten Teil des Textes zuwenden.
Die Frau beobachtet ihre Nachbarn. In der Art und Weise, wie sie das tut, werden diese Nachbarn charakterisiert.

Wie beschreibt die Frau ihre Nachbarn?

1. *Schildern Sie kurz den Tages- und Ferienablauf dieser Nachbarn.*

2. *Was signalisiert dieser Ferienalltag?*

   Was können Sie daraus ablesen?

3. *Die Sprecherin verwendet bestimmte sprachliche Stilmittel, um die Nachbarn zu charakterisieren, wie z.B. „nette Leute", „ruhige Leute", „die Leute mit dem Pudel" oder „mieten immer"...etc.*

   Wie wirken diese Stilmittel auf Sie? Was soll damit ausgedrückt werden?

4. *Die Sprecherin erwähnt immer wieder den Pudel. Warum wohl? Welchen Stellenwert hat dieser Pudel? Will die Sprecherin damit etwas signalisieren?*

5. *Wie werden die Nachbarn charakterisiert?*

   Was sind das für Leute?

6. *Wie steht die Frau zu den Nachbarn?*

7. *Haben Sie Vergleichsmöglichkeiten? Gibt es solche Leute auch bei Ihnen? Verbinden Sie selbst mit dem Auftreten und dem Verhalten dieser Leute etwas Negatives, Positives ... etc.?*

Wenn man diese verschiedenen Hinweise wie Tages- und Ferienablauf, Pudel, die wiederholten Verweise auf die „Nettigkeit" der Nachbarn ... etc. zusammenfaßt, dann werden diese Leute einmal in ihrem gesellschaftlich-sozialen Verhalten und in ihrer Lebensführung charakterisiert, zum anderen jedoch dienen dieselben Hinweise dazu, ihr Eheleben zu kennzeichnen.

1. *Wie hat sich das Verhältnis der Eheleute zueinander seit dem Unfalltode ihres Kindes entwickelt?*

2. *Die Frau schildert das Leben ihrer Nachbarn als ruhig, friedliebend und geregelt. Sind die Eheleute nach den Auseinandersetzungen in der Vergangenheit jetzt zur inneren Ruhe gekommen und somit zufrieden und glücklich?*

   Belegen Sie bitte Ihre Meinungen am Text.

3. *Die Sprecherin betont an verschiedenen Stellen, daß die Nachbarn oft stundenlang kein Wort miteinander reden. Was signalisieren diese Hinweise?*

Nachdem wir nun versucht haben, die Nachbarn näher zu charakterisieren – so wie sie uns aus der Perspektive der Frau gezeigt werden –, können wir uns nun der Frau und ihrem Verhältnis zu ihrem Mann zuwenden.
Alle Beobachtungen und Gedanken der Frau werden aus einem inneren Zwiegespräch mit ihrem Mann entwickelt. An einigen Stellen unterbricht sie ihren Wahrnehmungsfluß, indem sie ihren Mann direkt anspricht – allerdings auch dieses nur in Gedanken.

Schauen Sie sich diese Stellen bitte genauer an.

Was drückt sich in diesen Abschnitten aus?

1. *Wie ist die gegenwärtige Situation zwischen der Frau und ihrem Mann Reinhard?*

2. *Wie hat sich ihre Ehe nach dem Unfalltode ihres Kindes entwickelt?*

3. Wie sieht die Frau sich selbst und ihre Ehesituation?

4. Was glaubt sie, wie andere sie sehen könnten?

5. Bestehen Ähnlichkeiten zu der ehelichen Situation ihrer Nachbarn?

6. Wie fühlt sich die Frau?

   Ist sie glücklich und zufrieden mit ihrem Mann und ihrem Leben oder eher unglücklich/unzufrieden?

7. Was für ein Problem hat sie bzw. haben sie und ihr Mann?

8. Haben sie ihr Problem gelöst? Wenn ja, wie?

9. Was meinen Sie selbst, sollten die Frau und ihr Mann ihre Situation verändern/verbessern? Oder halten Sie ihre jetzige Situation für eine gute Lösung?

Perspektivenbrechung

Dieser Text von G. Wohmann ist in vielerlei Hinsicht nicht eindeutig. Der Leser stolpert immer wieder über Fragen: Was ist eigentlich geschehen? Wie sieht die Frau ihre Nachbarn und sich selbst? Sind die Nachbarn vielleicht sogar identisch mit der Frau und ihrem Mann Reinhard? Wer ist wer?
Die verschiedenen Bereiche innerhalb des Textes – die Personen und ihr gegenwärtiges wie vergangenes Leben – verschwimmen, sie gehen ineinander über.
Technisch wird dieses dadurch ermöglicht, daß alles aus der Wahrnehmungsperspektive der Frau heraus entwickelt wird. Innerhalb ihres Wahrnehmungsraumes wechselt die Frau wiederum die Perspektiven, d.h., sie nimmt einmal ihre Nachbarn von außen wahr, aber zugleich ist das auch eine Außenperspektive gegenüber ihrer eigenen Situation, z.B., wenn es am Ende heißt: „Seit wir nur noch wenig miteinander reden, Reinhard, erholen wir uns von Sommer zu Sommer besser." Dieselbe Charakterisierung, die sie für die Nachbarn benutzt, gilt auch für die Frau und ihren Mann. An einer Stelle schiebt sich die Perspektive der Ehepaare am Strand ein. Dabei projiziert die Frau ihre Perspektive, die sie gegenüber den Nachbarn einnimmt, auf dieses dritte Ehepaar am Strand und gibt sie als dessen Außensicht sich selbst und ihrem Mann Reinhard gegenüber aus: „Nette ruhige Leute, werden sie denken, vorwiegend angenehme Erinnerungen."
Bei ihrer Rückblende auf die Vergangenheit der Nachbarn findet ein weiterer Perspektivenwechsel statt.

Aufgabe 71

Können Sie den Perspektivenwechsel in dieser Passage beschreiben?
Wessen Perspektive nimmt die Frau ein?

Dieses Hin- und Herspringen in der Perspektive und dazu noch in der Zeit erschwert ebenfalls den Leseprozeß. Schwer zu greifen sind auch die Hintergründe für die Geschehnisse in der Vergangenheit: warum der Streit, die Geliebte nach dem Unfalltode ...u.a.m.
Doch trotz dieser verschachtelten und komplizierten Perspektive der Frau, wo vieles offengelassen wird und manche Irritationen für den Leser geschaffen werden, appelliert der Text an ein b e s t i m m t e s V o r v e r s t ä n d n i s des Lesers.
Der Ferienalltag der Nachbarn, sprachliche Kennzeichnungen wie „nette ruhige Leute", der Pudel ... etc. sind Hinweise, die zusammengenommen ein D e u t u n g s m u s t e r ergeben – nämlich das Muster „kleinbürgerlich-spießig" auf der einen Seite und eine Ehebeziehung mit bestimmten Charakteristika auf der anderen Seite.
Viele muttersprachige Leser werden diese Muster erkennen und dem Text sofort zuordnen. Wir haben in unserer Gesellschaft bestimmte Vorstellungen von Ehen und Partnerbeziehungen in einer Ehe. Wir deuten daher das Schweigen der Eheleute als ein Zeichen ihrer inneren Beziehungsarmut: Sie haben sich nichts mehr zu sagen, weichen einander aus ... etc. Solche Formulierungen umschreiben das, was wir mit

solchem Schweigen verbinden: Eheleute, die sich nichts mehr zu sagen haben, aber dennoch zusammenleben. Und das ist für uns etwas Negatives.

Umgekehrt haben wir Erwartungen und Vorstellungen, wie gute, glückliche oder vernünftige Ehen aussehen können. Jeder von uns mag da seine eigenen Vorstellungen haben, aber das Grundmuster bleibt bestehen: Kommunikations*verlust in einer Ehe bedeutet für uns eine innere Verarmung in der Beziehung.

Dieses Grundmuster oder auch „Schema"*, wie es in der Psychologie (S.-P. Ballstaedt/ H. Mandl, 1981) heißt, kann von Fall zu Fall und von Leser zu Leser unterschiedlich gefüllt werden. Da gibt es eine Bandbreite von möglichen Beschreibungen wie: entleerte, problematische, verarmte Beziehungen.

Unsere Auffassungen von einer Ehe und von kleinbürgerlich-spießigem Verhalten und Denken sind gesellschaftlich und historisch geprägt. Möglicherweise gibt es in Ihrer Kultur und Sprache gar keine Entsprechungen für diese Begriffe. Insofern könnte es passieren, daß die Textsignale, die für mich und viele andere deutschsprachige Leser eindeutig sind und die bei uns sofort diese genannten Deutungsschemata wachrufen, von Ihnen nicht sofort und nicht in der gleichen Weise gesehen und bewertet werden.

Aufgabe 72

1. Welche Vorstellung von einem Eheleben haben Sie? Was gehört zu einer guten Ehe Ihrer Meinung nach? Was kann/sollte man tun, wenn eine Ehe nicht gut läuft?

2. Kennen Sie den Begriff des Kleinbürgerlich-Spießigen? Können Sie sich darunter etwas vorstellen? Hatten Sie einen solchen Begriff auch den Nachbarn zugeordnet? Oder hatten Sie ganz andere Vorstellungen von ihnen?

Jede Kultur hat für bestimmte Inhalte auch ihre eigenen Ausdrucksformen und Signale, sowohl sprachliche wie nichtsprachliche. G.Wohmann benutzt für den deutschen Leser vertraute Signale: Lebensgewohnheiten, Umgangsformen und die Sprache, um Inhalte wie die Ehesituation und die kleinbürgerlichen Nachbarn darzustellen.

Aufgabe 73

- *Haben Sie in Ihrer Gesellschaft oder auch in Ihrer Literatur ähnliche Ausdrucksformen und Signale wie z.B. das „Schweigen" als ein Signal dafür, daß Menschen sich nichts mehr zu sagen haben?*

- *Anders gefragt: Woran erkennen Sie problematische oder unglückliche Beziehungen?*
  Und woran erkennen Sie „Enge und Starre im Denken und im Verhalten von Menschen"?

An den Stellen, wo der Text auf spezifische gesellschaftliche Kontexte und darin enthaltene Deutungsmuster (kleinbürgerlich-spießig) und Wertorientierungen (Spießiges Verhalten gilt als negativ.) verweist, erfolgt eine F e s t l e g u n g d e r L e s e r p e r s p e k t i v e. Zwar gibt es innerhalb dieser Festlegung auch wieder einen Spielraum, da verschiedene muttersprachige Leser ihre eigenen Vorstellungen davon haben, wie diese Ehepaare im einzelnen zu charakterisieren und zu bewerten sind, aber dennoch ist der Rahmen vorgegeben.

Für einen fremdsprachigen Leser wird gerade in derartigen kontextuellen Festlegungen eine Grenze gezogen zwischen dem, was zum Text und seiner Welt gehört und sich somit als „anders" von ihm und seiner eigenen Welt abhebt.

Oftmals verschwimmt diese Grenze von „Eigenem" und „Fremdem", insbesondere dann, wenn es sich um allgemeingültige Themen in der Literatur wie z.B. Liebe, Tod und Treue (s. Hebel-Geschichte) handelt. Da geht es um allgemeinmenschliche Erfahrungen, die eine Verständigung auch über kulturelle Grenzen hinweg ermöglichen. Aber je mehr ein Text gesellschaftlich und geschichtlich gebunden ist, erhalten allgemeinmenschliche Erfahrungen, kulturübergreifende Themen und die Art ihrer literarischen Gestaltung eine spezifische Prägung. Unter den Bedingungen kulturräumlicher Distanzen tritt der Text dem fremdsprachigen Leser als ein Fremdes gegenüber.

Was jedoch fremd ist an dem Text, ist nicht immer auf den ersten Blick zu erkennen. Und da Leser dazu neigen, ihre eigenen Weltvorstellungen in einen Text hineinzuprojizieren, kann es geschehen, daß der Text völlig mißverstanden wird und nur in den Begriffen des Eigenen gedeutet wird.

Unter diesem Vorzeichen besteht das Ziel fremdsprachlichen Verstehens darin, sich die Fremdheit/Andersheit des Textes zu erschließen und das heißt, ihn in „seinem" Zusammenhang sehen und ihn in „seinen" Begriffen deuten zu können. Dieses erfordert von einem fremdsprachigen Leser einen fortlaufenden <u>Perspektivenwechsel</u>, in dem er in Distanz zu sich selbst und seiner Welt tritt, um sich die „andere" Welt des Textes von dessen Standort aus schrittweise zu erarbeiten.

<u>Zusammenfassung</u>

1. Die vielfältigen Erfahrungen, die man beim Lesen macht, lassen sich in Form von <u>Leseprotokollen</u> festhalten und damit bewußtmachen. Aus ihnen kann man einerseits rückschließen auf Textstrukturen, die Erfahrungen erst ermöglichen, und andererseits auf den Leser und sein Verstehen.

2. G.Wohmann erschwert dem Leser den Zugang zu den Fragen:
   - Worum geht es? (Thema)
   - Was ist geschehen? (Sachverhalte)
   - Wer ist wer? (Identifizieren von Personen)
   - Was ist was? (Identifizieren von Sachverhalten)

3. Wenn der Leser sonst am „roten Faden" eines Textes eine erste Orientierung hat, so entzieht ihm G.Wohmann diese Verstehensgrundlage
   a) durch sprachliche Mittel wie den unbestimmten Artikel in „ein Kind überfahren"
   b) durch die Verteilung von Informationen innerhalb des Textverlaufes und durch die syntaktische Unterordnung von Hauptinformationen unter Nebeninformationen
   c) durch die Entfaltung der Geschehnisse und aller Mitteilungen aus der Wahrnehmungsperspektive der Sprecherin
   d) durch die Rückblenden der Sprecherin und damit verbunden durch den fortlaufenden Wechsel zwischen den Zeiten und Gegenständen, ohne daß die Grenzen klar markiert sind
   e) durch Wechsel der Perspektiven innerhalb der Gesamtperspektive der Frau.

4. Alle geschilderten Vorgänge und Gedanken werden aus der Perspektive einer Figur entwickelt, so daß der ganze Text ein einziger Wahrnehmungs- und Gedankenfluß einer Figur ist. Der Text enthält über weite Strecken Elemente dessen, was die Literaturwissenschaft „inneren Monolog" nennt.

5. Um die Nachbarn zu charakterisieren, benutzt G.Wohmann bestimmte <u>Ausdrucksschemata</u>, die dem Leser wiederum gesellschaftliche Kontexte signalisieren, in die sich die Nachbarn einordnen lassen.
   Sie aktualisieren bei einem Leser, der mit diesen Kontexten vertraut ist, bestimmte <u>Deutungsschemata</u>.

6. Bis zu einem gewissen Grad bestimmt der Text, wie die Nachbarn zu sehen sind. Darin liegt eine Festlegung der Leserperspektive auf die Nachbarn und auf die Frau und ihren Mann.

7. Unter dem Aspekt fremdsprachlichen Lesens und Verstehens bietet der Text gerade dort, wo er kontextuell gebunden ist und somit auch spezifische Deutungsschemata bei einem Leser anspricht, eine Schnittfläche, an der eigenkulturelle Schemata des fremdsprachigen Lesers und die für ihn fremdkulturellen Schemata des Textes aufeinanderstoßen und in ihrer Differenz wahrnehmbar werden.

8. Verstehen eines fremdsprachlichen Textes schließt die Fähigkeit des Lesers ein, in Distanz zu sich treten zu können, um sich vom Standort des Textes aus dessen Perspektive zu erschließen und rückläufig wiederum zu sich selbst und der eigenen Welt in Beziehung zu treten.

9. Die eingebauten Irritationen und Verstehenshürden gerade dieses Textes lenken den

Blick des Lesers immer auch auf die eigene Form. Zugleich kann der Leser daraus für sich lernen, was er eigentlich braucht, um zu verstehen, bzw. was seinem Verstehen eigentlich zugrunde liegt.

6.2 Entwicklung einer fremdsprachlichen Verstehensfähigkeit

Was können wir nun aus dem Vorhergehenden allgemein für den Literaturunterricht lernen und was speziell für die Arbeit mit diesem Text von G.Wohmann?
Wenn Sie Ihre Schüler zu einem tieferen Textverständnis führen möchten, um deren fremdsprachliche Verstehensfähigkeit weiterzuentwickeln, müssen Sie im Unterricht den Verstehensprozeß Ihrer Schüler beleben und lenken. Dazu müssen Sie natürlich wissen, was in Ihren Schülern vor sich geht, d.h., was sie verstanden haben, wie sie es verstehen, was sie nicht verstehen, was sie sehen und was sie nicht sehen.
Eine Möglichkeit, sich Einblick in die Leseerfahrungen Ihrer Schüler zu verschaffen, ist das Gespräch und sind bestimmte Verständnisfragen. Eine andere Möglichkeit ist das <u>Leseprotokoll</u>. Sie können daran u.a. ablesen:

a) wie weit ein Text verstanden wurde,
b) ob und welche Schwierigkeiten an welcher Stelle des Textes auftreten,
c) wie Texte auf Ihre Schüler wirken,
d) welche Assoziationen und spontanen Reaktionen sich einstellen,
e) ob Ihre Schüler mit dem Text überhaupt etwas anfangen können, d.h., ob Interesse da ist und ob sie sich persönlich zu dem Text in Beziehung setzen können oder ob der Text ihnen so fremd ist, daß sie gar nicht reagieren können.

Entsprechend den Erfahrungen und Reaktionen Ihrer Schüler, wie sie sich in einem Protokoll spiegeln, können Sie im Hinblick auf Ihre Ziele das Unterrichtsgespräch aufbauen.
Allerdings gibt es für die Erstellung von Leseprotokollen ein Problem:
Viele Leser sind es nicht gewohnt, sich und ihre Erfahrungen während des Lesens gleichzeitig zu beobachten und kurz in Stichworten zu notieren. Vielleicht sind Ihre Schüler zunächst ratlos und wissen gar nicht, was sie aufschreiben sollen. Hinzu kommt, daß es sich um einen fremdsprachlichen Text handelt, dessen Entzifferung möglicherweise soviel Aufmerksamkeit beansprucht, daß Ihre Schüler sich nicht zugleich selbst beobachten können.
Da hilft eine direkte Aufgabenstellung wie z.B.:

a) Notieren Sie bitte, was Ihnen schwer verständlich ist bzw. was sie nicht verstehen.
b) Notieren Sie bitte, was Ihnen auffällt, was Sie gerade denken und empfinden.

Aufgabe 74

1. *Überlegen Sie einmal, wann und mit welcher Zielgruppe Sie überhaupt Leseprotokolle schreiben lassen würden.*

2. *Halten Sie die Anfertigung von Leseprotokollen für sinnvoll? Möchten und können Sie als Lehrer damit arbeiten?*

3. *Würden Sie für diesen Text von G. Wohmann ein Leseprotokoll anfertigen lassen? Wäre das eine gute Startbasis für das Gespräch, oder wäre das zu schwierig?*

4. *Wenn Sie ein Leseprotokoll anfertigen lassen wollten, welche Anweisungen würden Sie geben:*
   a) *spontane Eindrücke, Gefühle, Gedanken und Wertungen wiedergeben,*
   b) *Verstehensprobleme festhalten,*
   c) *notieren lassen, welche Erwartungen auftreten und wo diese Erwartungen eingelöst werden oder auch nicht?*

Gehen wir einmal davon aus, daß Ihre Schüler Verstehensprobleme mit diesem Text haben. Um diese zu lösen, müßten vermutlich mehrere Interpretationsschritte bei Ihren Schülern eingeleitet werden. Gemäß der Regel „vom Bekannten zum Unbekannten" könnten Sie folgendermaßen vorgehen:

1. <u>Festhalten, was ich weiß bzw. was ich verstanden habe</u>.

Aufgabe 75

Wie können Sie ermitteln, was Ihre Schüler nach der ersten Lektüre wissen bzw. verstanden haben?
Notieren Sie entsprechende Fragen oder Aufgaben:
 a) _____
 b) _____
 c) _____

Mit diesem ersten Schritt zielen Sie auf das sogenannte Inhaltsverstehen Ihrer Schüler. Von hier aus werden sich bestimmt Fragen ergeben, die den Deutungsvorgang vorantreiben und zum nächsten Schritt führen. Sie könnten nun

2. <u>Festhalten, was ich nicht verstanden habe bzw. was ich wissen/klären möchte</u>.

Das Ziel besteht darin, die Verstehensprobleme Ihrer Schüler genauer zu fassen (zu konkretisieren), indem Ihre Schüler konkrete Fragen zu den Textinhalten stellen. Vielleicht ist ein Teil der Fragen bereits in dem Leseprotokoll notiert worden, vielleicht aber treten nun neue Fragen auf.

<u>Erläuterung:</u>

Oftmals hat ein Leser nach der ersten Lektüre nur ein allgemeines Gefühl, daß er manches nicht verstanden hat, aber er kann nicht genau sagen, was es ist. Wenn man nicht genau weiß, was man nicht versteht, dann steht man dem Problem oftmals hilflos gegenüber. Die genauere Beschäftigung mit den Textinhalten könnte Ihnen helfen zu e n t d e c k e n , w a s m a n n i c h t v e r s t a n d e n h a t . Damit werden anfängliche Verstehensprobleme konkreter und lassen sich so leichter lösen bzw. überhaupt erst lösen.

Dort, wo die größten Verstehenshindernisse und Unsicherheiten Ihrer Schüler auftreten, würde ich an Ihrer Stelle nachhaken und den Text vertiefen. Damit kämen Sie zu dem dritten Schritt:

3. <u>Klärung von Fragen bzw. Verstehenshindernissen</u>, die nicht unbedingt als Fragen formuliert werden können und nur ein allgemeines Gefühl von Unsicherheit und Nicht-Verstehen hinterlassen.

Jede Frage, die der Text aufwirft, führt wiederum zu neuen Fragen und somit zu weiteren Aspekten des Textes, die Sie dann jeweils behandeln können, bis Sie einen Gesamtzusammenhang gefunden haben, der Ihnen und Ihren Schülern ein Verständnis des ganzen Textes ermöglicht.

Fragen, die eine Klärung der vergangenen Geschehnisse im Leben der Ehepaare herbeiführen, mögen wiederum zu Fragen nach den Parallelen oder Unterschieden zwischen den beiden Ehepaaren führen und von dort aus weiter bis zur gegenwärtigen Situation der Eheleute. Wir selbst waren bei unserer Interpretation im ersten Teil dieses Kapitels diesem Ablauf gefolgt.

Um den Interpretations- und Verstehensvorgang Ihrer Schüler voranzutreiben, werden Sie als Lehrer immer wieder Impulse geben müssen. <u>Impulse</u>, die

a) Fragen bei Ihren Schülern auslösen

(z.B. durch Fragen nach den Kindern (wieviele?, wessen Kind?, von wem?); durch Aufforderungen, Textszenen zu beschreiben, die wiederum Fragen auslösen könnten, wie z.B. die Situation am Strand : wer?, wo?, mit wem?)

b) zur Bildung von Deutungshypothesen führen (durch typische Interpretationsfragen (warum?) oder durch Antizipationen*)

c) zur Korrektur von gebildeten Deutungshypothesen führen (indem Sie Ihr Wissen hineingeben z.B. über die Signalwirkung von „nett", „Pudel", um auf die Distanz der Frau gegenüber ihren Nachbarn hinzuführen, falls diese nicht gesehen wurde)

d) die Aufmerksamkeit Ihrer Schüler auf Nicht-Gesehenes und Nicht-Beachtetes lenken (durch Themenwechsel: z.B. von der Vergangenheit des Ehepaars zu der der Frau und ihres Mannes Reinhard;
oder: durch In-Beziehung-Setzen von Textteilen: Welche Ähnlichkeiten gibt es zwischen den Ehepaaren?)

e) Fragen Ihrer Schüler vertiefen (z.B. durch Nachfragen: Wie meinst du das? Was verstehst du darunter?)

f) Ihre Schüler dazu veranlassen, weitere Aspekte eines Textes zu bewerten und in Zusammenhänge einzuordnen (Impulse: wie die von Punkt d))

g) es Ihren Schülern ermöglichen, sich zu dem Text in Beziehung zu setzen (durch Fragen wie: Wie findet ihr ...? Was hättet ihr getan ...? Wer ist euch sympathischer?)
und den Text auf sich und die eigenen Erfahrungen zu beziehen (durch Fragen wie: Wodurch entstehen Ehekonflikte? Wie kann man sie lösen?)

h) Ihre Schüler in Distanz zu sich wie zu dem Text bringen (durch kontrastierende Fragestellungen wie:

1. Wie sieht die Frau ihre Nachbarn?
   Wie seht ihr die Nachbarn?
2. Wie werden die Leute im Text charakterisiert? Was haltet ihr von den Leuten?).

Auf diese Weise würden Sie den Wahrnehmungsumfang Ihrer Schüler erweitern; Sichtweisen, die aufgrund individueller und kultureller Vorprägungen verfestigt sind, aufbrechen und damit Ihre Schüler für Neues und Fremdes öffnen. Sie würden damit schrittweise Ihre Schüler dazu befähigen, die andere Perspektive des Textes für sich zu erschließen.
Welche Impulse Sie geben, um den Verstehensvorgang Ihrer Schüler zu lenken, wird sich in der Unterrichtssituation selbst entscheiden, aber sie müßten sich vorher Gedanken machen, was Sie bei Ihren Schülern erreichen möchten (Lehr-und Lernziele) und wie Sie Ihre Ziele erreichen können (methodische Schritte).

Aufgabe 76

Notieren Sie bitte einmal, welche Deutungsbereiche der Text enthält:
a) die gegenwärtige Situation der Nachbarn
  b) _____
  c) _____
  d) _____
  e) _____

Aufgabe 77

Überlegen Sie nun weiter, wie der Interpretationsverlauf Ihrer Schüler ablaufen könnte:

  1. Was sollten Ihre Schüler über den konkreten Inhalt hinaus noch verstehen/erschließen? Welche Deutungszusammenhänge/Begriffe möchten Sie entwickeln?

  2. Wo könnten die Hauptfragen und Interessenpunkte Ihrer Schüler liegen?

  3. Wie könnten/möchten Sie von dort aus weiter vorgehen, um die einzelnen Deutungsbereiche des Textes zu erschließen?
  Welche Fragen und Aufgaben würden Sie stellen?

> *4. Was ist das Gesamtziel, das Sie mit der Deutung des Textes unter den gegebenen Rahmenbedingungen anstreben?*
>
> *5. Welche Art und Weisen des Verstehens möchten Sie fördern:*
> - *die persönlich-subjektive Aneignung*
> - *die Objektivierung von eigenen Erfahrungen*
> - *die Anwendung und Verallgemeinerung des Textes und seiner Themen*
> - *die Einordnung in den entsprechenden gesellschaftlich-historischen Zusammenhang (Kontextualisierung)?*

Wir hatten ja im ersten Teil dieses Kapitels gesagt, daß der Text nur vor dem Hintergrund eines bestimmten gesellschaftlichen Kontextes verständlich ist und von dort her bestimmte Deutungsschemata aktualisiert. Wir hatten des weiteren gesagt, daß der reale Leser immer vor dem Hintergrund des Vertrauten, d.h. seiner eigenen Schemata versteht. Will man etwas Neues und Fremdes aufnehmen und verstehen, dann reichen die eigenen Schemata oft nicht aus. Der Leser muß seine vorhandenen Schemata entweder aufgeben, oder er muß sie erweitern, um dem Neuen und Fremden gerecht zu werden, oder er muß eben neue Schemata erwerben, um überhaupt zu verstehen.

Das Verstehen literarischer Texte ist in dem Sinne ein fortlaufender Lernprozeß, in dem der Leser neue Deutungsschemata und Begriffe erwirbt und vorhandene erweitert und umbildet (A k k o m o d a t i o n *, s. H. Aebli, 1983). Dadurch werden insgesamt seine Verstehensfähigkeit und sein Wissen erweitert.

In bezug auf den Text von G. Wohmann stellt sich nun die Frage, wie Sie die eigenkulturellen Schemata* Ihrer Schüler aktivieren können, so daß sie im Gespräch sichtbar und thematisierbar werden.

Ich möchte Ihnen jetzt einige Fragetypen vorstellen, die geeignet sind, die Vorverständnisse (Schemata) Ihrer Schüler zu aktivieren. Zum Teil sind Ihnen diese Fragen schon bekannt, aber sie sollen insgesamt hier unter der oben genannten Frageperspektive noch einmal zusammengestellt werden. Die Funktion Ihrer Fragen besteht darin, daß Ihre Schüler lernen, selbst solche Fragen zu stellen.

Fragetypen zur Aktivierung von Vorverständnissen/kulturellen Schemata:

1. Fragen, die auf eine Charakterisierung und Typerfassung von Personen zielen, wie z.B.

   - Was für ein Mensch/eine Person ist...?
   - Was für ein Typ ist...?

2. Fragen, die auf die Beziehung von Personen untereinander zielen, wie z.B.

   - Was für ein Verhältnis haben die Personen untereinander? In welchem Verhältnis stehen die Personen zueinander?
   - Was für eine Beziehung haben die Personen zueinander?

3. Fragen, die auf Vergleiche zielen, wie z.B.

   - Gibt es / gab es solche Personen, Konflikte, Situationen, Geschehnisse ... etc. in unserer Gesellschaft?
   - Wäre so ein Verhältnis, so ein Verhalten, so ein Konflikt denkbar bei uns?
   - Wenn nicht, was wäre anders?

4. Fragen, die vorhandene Identifikationsschemata Ihrer Schüler ansprechen:

   sei es, daß Sie bestehende Identifikationen mit Personen und deren Handlungen aufdecken möchten durch Fragen wie
   - Wie finden Sie die Person X?
   - Wer gefällt Ihnen besser?
   - Finden Sie es richtig, gut, daß...?
   - Gefällt Ihnen...?

   sei es, daß Sie Identifikationen selbst hervorrufen durch Fragen wie
   - Was würden Sie an der Stelle von X tun?
   - Was hätten Sie an der Stelle von X getan?
   - Wie fühlt sich die Person X in der Situation?

- Wie würden Sie sich in derselben Situation fühlen?

oder:

- Möchten Sie so leben?
- Möchten Sie die Person X sein?

5. Fragen, die direkt auf vorhandene <u>Begriffsvorstellungen und Wertorientierungen</u> zielen und dabei Konzepte* des Textes aufgreifen, wie

- Was verstehen Sie unter einer glücklichen, zufriedenen Ehe?
- Wie stellen Sie sich eine glückliche und zufriedene Ehe vor?
- Was verstehen Sie unter einer unglücklichen, erstarrten, entleerten ... etc. Ehe?
- Wie stellen Sie sich eine solche Ehe vor?
- Wie sollten Eheleute miteinander leben und miteinander umgehen?
- Wie sollten/könnten Ehekonflikte gelöst werden?

6. <u>Provozierende</u> Fragen, bei denen Sie ein Schema vorgeben, wie z.B.

   a) Sind die Nachbarn nicht ...?
   b) Ist die Ehe der Nachbarn nicht ...?

Ich habe in diesen Sätzen eine <u>Leerstelle</u> gelassen, die Sie auf zweierlei Weise füllen können:

Sie können einen Begriff aus dem Verstehenshorizont des Textes nehmen, wie z.B. „kleinbürgerlich-spießig" oder „erstarrt", „problematisch"... etc.

Oder aber Sie setzen einen Begriff aus Ihrem Verstehenshorizont und dem Ihrer Schüler ein.

Beide Fragen (6 a, b) sollen Ihre Schüler provozieren und sie somit dazu veranlassen, ein gegebenes Schema zu hinterfragen und am Text zu überprüfen. Sie können auch alle zuvor aufgeführten Fragetypen (1–5) in eine solche herausfordernde Fragestellung bringen: „Ist das nicht ...?". Sie haben dabei wiederum die Möglichkeiten, entweder ein dem Text zugrunde liegendes Schema einzusetzen oder das zugehörige Gegenschema, d.h. eine Gegenhypothese zum Text, zu bilden.

Zum Beispiel beim Fragetyp 1:

- Sind die Nachbarn nicht furchtbar spießig?
- Gegenhypothese: Sind die Nachbarn nicht sehr lebendige, weltoffene und flexible Leute?

bei Fragetyp 2:

- Haben die Ehepaare nicht ein sehr problematisches Verhältnis zueinander?
- Ist es nicht ein unglückliches Ehepaar?
- Gegenhypothese: Haben die Ehepaare nicht ein sehr schönes Verhältnis zueinander?
- Leben Sie nicht sehr glücklich und zufrieden miteinander?

Da die Textstrategie von G. Wohmann u.a. darin besteht, im Text solche Schemata selbst zu benutzen, die im Widerspruch stehen zu dem, was sie eigentlich sagen will, wie z.B. „zufriedenes, glückliches, ruhiges Ehepaar", könnte man direkt diese Gegenhypothesen des Textes ansprechen:

Sind es wirklich glückliche und zufriedene Ehepaare, wie die Frau es behauptet?

Auch hier könnte die Überprüfung von Hypothesen sowohl am Text erfolgen als auch an den Vorverständnissen des Lesers.

Da diese Fragen unterschiedlich schwierig sind und nicht jede Frage geeignet ist, um Vorverständnisse Ihrer Schüler zu aktivieren und Ihre Schüler für den Text und seine Schemata zu öffnen, müßten Sie als Lehrer abwägen, was Sie wann und mit welchem Fragetyp ansprechen könnten.

Wählen Sie bitte die Fragetypen aus, die Ihnen geeignet scheinen, vorhandene Schemata Ihrer Schüler zu aktivieren.

Aufgabe 78

Die vorgestellten Fragetypen haben eine <u>didaktisch-hermeneutische Funktion</u>, indem sie Ihre Schüler im Eigenen ansprechen – positiv wie verfremdend – und gegenüber dem Fremden des Textes eine Einstellungs-und Wahrnehmungsänderung herbeiführen, um im fortlaufenden Wechsel zwischen Text und Leser, zwischen Eigenem und Fremdem, die <u>fremde Perspektive des Textes</u> zu erschließen. Schrittweise wird die Wahrnehmung Ihrer Schüler für Fremdes geöffnet und rücken Ihre Schüler dem Verständnis des fremdsprachlichen Textes näher, indem sie sich dessen Kategorien/ Schemata aneignen. Die sich dabei herausschälende Differenz zwischen der eigenen Welt und der fremden Welt des Textes kann auf einer höheren Deutungsebene wiederum eine Reflexion auf das Eigene in Gang setzen und den Prozeß der Anwendung des Textes auf die eigene Gegenwart einleiten.

Als allgemeine Strategie im Unterricht empfehle ich Ihnen die genannten Impulse und Fragetypen, die alle darauf zielen, bei Ihren Schülern die Fähigkeit zu entwickeln: Standorte zu wechseln, fixierte Einstellungen zu ändern, neue Aspekte zu berücksichtigen, zu bewerten und zu integrieren* und bereits bewertete Aspekte in einem neuen Licht zu sehen.

Abschließend können wir eine Antwort auf eine der Ausgangsfragen dieser Studieneinheit festhalten: „Was heißt Verstehen?"

Zusammenfassung

Nach hier vertretener Auffassung ist Verstehen eine Wahrnehmungsfähigkeit, die darin besteht, daß ein Leser von der eigenen Perspektive absehen kann, um sich die Perspektive eines fremdsprachlichen Textes und dessen Welt zu erschließen.

7.1 Erwartungen des Lesers

Wir haben in den vorangegangenen Kapiteln immer wieder darauf hingeführt, daß das Verstehen eine Tätigkeit des Lesers ist. Diese Tätigkeit ist durch dreierlei gekennzeichnet:

1. Sie ist z i e l g e r i c h t e t : Wir lesen, um etwas mehr zu wissen, um Neues zu erfahren, um zu lernen, um uns zu bilden, um uns zu unterhalten ...etc.
2. Sie ist s e l e k t i v : Wir wählen das aus, was uns interessiert, was uns gefällt, was uns anspricht, was wir wissen wollen und was uns wichtig erscheint.
   Darüber hinaus gibt es eine dritte Komponente des Lesens, die ich nun zum Thema dieses Kapitels machen möchte:
3. Lesen ist a n t i z i p a t o r i s c h *: Das bedeutet, daß wir während des Lesens immer schon Vorhersagen treffen über künftige Mitteilungen und Ereignisse in einem Text. Wir haben Erwartungen, die unseren weiteren Leseprozeß lenken. Die Leitfrage für dieses Kapitel lautet:
   - Welche Rolle spielen E r w a r t u n g e n beim Lesen und Verstehen?
   - Wodurch entstehen Erwartungen?
   - Woraus leiten sich Erwartungen des Lesers ab?

Zu diesem Zweck habe ich einen Text von Barbara Frischmuth, einer österreichischen Schriftstellerin, ausgewählt und möchte als erstes mit Ihnen ein weiteres Verfahren ausprobieren, das geeignet ist, Ihre Erwartungen sichtbar zu machen.

Auf den Leseprozeß und seine spezifischen Eigenschaften wird in der Studieneinheit „Arbeit mit literarischen Texten" von S. Ehlers/B. Kast näher eingegangen.

Ziel

Verfahren der Bildung und Korrektur von Hypothesen

Das Verfahren besteht darin, daß ich Ihnen nun nacheinander kleine Einheiten eines Textes dieser Autorin präsentiere und Sie bitte, sich nur auf diese Einheiten zu konzentrieren, noch nicht weiterzulesen und sich ganz auf die Fragen, die ich Ihnen jeweils gebe, zu konzentrieren. Um den Leseprozeß zu verkürzen und zu vereinfachen und dennoch einen Text zu haben, der dem Leser genügend Anreize bietet für sein Hypothesenspiel, habe ich mit einem Auszug aus einer Erzählung von B. Frischmuth gearbeitet. Den vollständigen Text finden Sie auf S. 93-97.

Der Titel von B. Frischmuths Erzählung lautet:

„Am hellen Tag"

Frischmuth (1989), 80-90

Text

Fragen:
1. Was könnte der Titel bedeuten?
2. Worum könnte es in der Geschichte gehen?

Lesen Sie nun bitte den ersten Abschnitt des Textes:

Text

... Es mußte sein. Sich opfern. Sich und ihr Leben hingeben.
Sie saß da, bewegungslos, noch immer gefangen. Nichts regte sich, nicht einmal ein Insekt vermochte abzulenken. Die mittägliche Windstille. Gleich, gleich mußte das Kind kommen.

Fragen:

1. *Was für eine Situation stellen Sie sich vor?*
   Schildern Sie sie bitte.
2. *Welche Fragen haben Sie zu diesen ersten Zeilen?*
3. *Was glauben Sie, wie geht es weiter?*

Lesen Sie bitte weiter den zweiten Textabschnitt:

Jetzt, dachte sie, und dann ging auch dieser Augenblick vorüber. Der Puma schob seinen Kopf immer weiter auf den Pfoten vor, ohne die Augen zuzumachen ...
Jetzt! Vorsichtig befeuchtete sie die Lippen, indem sie die untere etwas vorschob und die obere einzog. Jetzt!

Fragen:

1. *Haben sich Ihre Hypothesen bestätigt?*
   - *Welche?*
   - *Welche nicht?*
   - *Welche mußten Sie modifizieren?*
2. *Hat dieser zweite Abschnitt Fragen, die Sie vorher hatten, geklärt, oder bleiben diese weiterhin offen?*
3. *Sind neue Fragen aufgetreten?*
4. *Haben Sie eine genauere Vorstellung, in welcher Situation sich die Frau befindet?*
   - *Was ist das für eine Frau?*
   - *Wo befindet sie sich?*
5. *Fühlen Sie sich verunsichert durch den Text? Gibt es gewisse Unstimmigkeiten?*
6. *Was erwarten Sie, was nun passiert/passieren könnte?*

Lesen Sie bitte weiter den dritten Textabschnitt:

Sie erschrak so heftig, als es vom Garten her schellte, daß sie nicht sicher war, ob sie nicht etwa geschrieen hatte und das eigene Schrillen für die Gartenglocke hielt.

Der Puma war fort, hatte seinen Schatten mit über die Hecke genommen, und sie bildete sich ein, noch das mehrmalige Aufprallen seiner Tatzen zu hören.

Wer konnte geläutet haben? Sie sah auf die Uhr. Für das Kind war es ein wenig zu früh, und das Kind klingelte nicht. Vielleicht die Leute, denen das Tier gehörte. Die waren gut. Gingen von Haus zu Haus fragen, ob jemandem ein Puma zugelaufen war. Sie trat hinaus. Ihre Gelenke knackten leise, wie sie so bis zur Treppe ging, von wo aus sie freie Sicht auf die Gartentür hatte. Niemand. Da war niemand. Wer in aller Welt mochte geläutet haben? Oder hatte doch sie den Puma mit ihrem Schrei verjagt? Nicht immer griffen diese Tiere an.

(Anmerkung: Schrillen = Schreien)

Fragen:

1. *Sind Sie überrascht? Haben sich Ihre Erwartungen erfüllt, oder ist etwas völlig Unerwartetes geschehen?*

2. *Welche Ihrer vorhergehenden Fragen hat dieser Abschnitt beantwortet? Welche sind weiterhin offen geblieben?*

3. *Haben Sie jetzt neue Fragen?*

4. *Können Sie die Situation dieser Frau besser verstehen?*

5. *Haben Sie eine Vermutung, worum es hier geht?*

6. *Wie geht es wohl weiter?*

Lesen Sie bitte den vierten Textabschnitt:

Sie mußte es sofort der Polizei melden, verhindern, daß Schlimmeres geschah. Ein Tier in Panik, wer konnte wissen, was...

Sie rannte ans Telefon. Bitte, rief sie, hier bei Neurat, Landhausstraße acht, soeben ...

Sie erzählte, so kurz sie sich fassen konnte, was geschehen war. Ein Puma? fragte der Beamte. Es klang, als kratze er an seinem Bart.

Ein kräftiges, ausgewachsenes Exemplar. So unternehmen Sie doch etwas!

Sind Sie die Haushälterin?

Sie richtete sich ein wenig auf. Ich bin Greta G. Ich helfe manchmal aus, sozusagen aus Gefälligkeit. Was ging es diesen Kerl an, daß sie mit Hanna Neurat verwandt war.

Fragen:
1. *Welche Ihrer Hypothesen*
   - *haben sich bestätigt?*
   - *haben sich nicht bestätigt?*
2. *Sind alte Fragen beantwortet?*
3. *Tauchen neue Fragen auf?*
4. *Was wird der Polizist tun?*

Text

Lesen Sie bitte den letzten Textabschnitt:

Diesmal ist es also ein Puma?
Was heißt diesmal? Sie spürte, wie Verzweiflung sie befiel.
Sie haben doch neulich schon einmal angerufen, wegen einer Sandviper,
wenn ich mich recht erinnere, stimmt's?
Sie war nahe am Schluchzen. Ja, sie hatte schon einmal angerufen.

Fragen:

1. *Sind Sie über das Ende überrascht? Haben Sie jetzt eine befriedigende Antwort auf die Probleme, die der Text Ihnen zuvor aufgegeben hat?*

2. *Sind alle Fragen beantwortet, oder bleibt nach wie vor etwas offen?*

3. *Worum geht es eigentlich in diesem Text? Können Sie eine abschließende Deutungshypothese formulieren?*

4. *Wie erklären Sie die Reaktion des Polizisten? Warum sagt er: „Diesmal ist es also ein Puma?", und warum heißt es „als kratze er an seinem Bart"?*

5. *Und was bedeutet seine Aussage „Sie haben doch neulich schon einmal angerufen, wegen einer Sandviper ..."?*

6. *Warum fragt die Frau zurück: „Was heißt diesmal?", und warum ist sie „nahe am Schluchzen"?*

Sie haben sicherlich gemerkt, daß Sie fortlaufend Erwartungen haben und daß sich Ihre Erwartungen beim Weiterlesen verändern. Teils werden sie bestätigt, teils werden sie gebrochen, und es werden neue Erwartungen erzeugt, wie die Geschichte wohl weitergehen könnte. Fortlaufend haben Sie Vermutungen angestellt, wie die einzelnen Textinformationen zu bewerten und die Vorgänge in der Geschichte aufzufassen sind. Beim Weiterlesen haben Sie dann Ihre Vermutungen bestätigen und/oder verbessern können oder auch ganz fallenlassen müssen, um neue zu bilden.

Ich habe mit Studenten in meinem Seminar denselben Text abschnittsweise gelesen und möchte Ihnen kurz schildern, welche Erwartungen bzw. Hypothesen die Studenten jeweils hatten.

Es haben sich zwei Gruppen herausgebildet, die zwei unterschiedliche Deutungshypothesen (= Perspektiven) vertraten:

1. Die eine Gruppe, die nur aus ausländischen Studenten bestand, vorwiegend aus dem asiatischen Raum, war bis zum Schluß der Meinung, daß der Puma wirklich existierte, bzw. sie hatten nicht das griffige Konzept „Der Puma ist Fiktion*." zur Verfügung, um das zuvor ins Spiel gebrachte Konzept „Der Puma ist real." zu entkräften.

2. Die andere Gruppe, die aus ausländischen und deutschen Studenten bestand, vertrat vom dritten Textabschnitt an die Hypothese, daß es sich wohl nicht um einen realen Puma handeln würde, sondern um „Tagträume" und „Phantasien" der Frau.

Gemeinsam war beiden Gruppen, daß der Anfang (1. Zeile, 1. Abschnitt) so unbestimmt und offen ist, daß sie sich keine genaue Situation vorstellen konnten. Die räumliche Lokalisierung fiel manchen schwer; das Auftreten des Pumas wurde teils mit der Möglichkeit eines Zirkus in Verbindung gebracht, aber auch dieses geschah mit einem Fragezeichen.

Erläuterung:

Die Informationen des ersten Abschnitts sind so bruchstückhaft, daß sich der Leser noch kein Bild machen kann, in welcher Lage sich diese Frau befindet, und worum es eigentlich geht. Was heißt „Sich opfern."? – Worauf könnte diese Aussage bezogen sein? Einige Studenten haben sie mit dem Kind in Verbindung gebracht, das die Frau vor dem Puma vielleicht retten möchte.

Aber das sind lediglich vage Hypothesen, die der Leser aufgrund seiner Kenntnisse über Situationen und Geschehnisse in der Welt – sein Weltwissen – aufstellen kann, wie z.B. sein Wissen, wo Pumas vorkommen, wo und unter welchen Bedingungen sie im europäischen Raum denkbar wären ... etc.

Zu Anfang sind die Erwartungen zunächst nur darauf gerichtet, daß der Text mehr von der Situation dieser Frau mitteilen wird. Diese Erwartungen leiten sich jedoch nicht aus unserem Weltwissen ab, sondern aus unserem T e x t w i s s e n , dem Wissen, daß Texte im allgemeinen ein anfangs gegebenes Thema im folgenden näher ausführen werden und dem Leser somit mehr Informationen geben, um eine Situation verständlicher zu machen.

Teils werden diese Erwartungen eingelöst, teils bleibt weiterhin offen, wie die Mitteilungen im einzelnen zu interpretieren sind. Der Leser hat nach den ersten Abschnitten noch keinen Einordnungsrahmen, d.h., er hat noch kein „Schema", um die Situation zu deuten.

Mit dem zweiten und dritten Abschnitt werden die Einordnungsmöglichkeiten des Lesers immer mehr eingegrenzt, und es bilden sich zwei k o n k u r r i e r e n d e * D e u t u n g s h y p o t h e s e n heraus:

a) Der Puma ist real.

b) Der Puma ist nur eine Einbildung der Frau.

Welche Informationen und Hinweise in den ersten drei Textabschnitten unterstützen die Hypothese a) und welche die Hypothese b)?

Aufgabe 79

Die erste Gruppe legte also das Interpretationsschema an: „Der Puma existiert tatsächlich." Sie hielt an diesem Schema auch bis zum Schluß fest. Allerdings konnte sie mit Hilfe dieses Schemas nicht die Reaktion des Polizisten (skeptisches Kratzen am Bart und Rückfragen) und die der Frau (verzweifeltes Schluchzen) erklären.

Wenn man die Reaktion des Polizisten und die der Frau in dem Deutungsrahmen „Der Puma ist real." interpretieren wollte, dann wäre auch die Viper real. Diese Annahme, daß Viper und Puma im Hier und Heute eines deutschsprachigen Alltags eine Frau bedrohen könnten, ist aus meiner Sicht jedenfalls sehr unwahrscheinlich, so daß dieser Deutungsrahmen eigentlich nicht aufrechtzuerhalten ist.

Es gibt noch ein Argument, daß gegen diese Auffassung spricht: Wenn alles real wäre, was der Frau passiert, worin läge dann der Witz dieser Geschichte? Würde da nicht etwas fehlen, was diese Geschichte erst interessant und mitteilenswert macht? Wäre dann nicht fraglich, warum diese Geschichte überhaupt erzählt wird?

Die zweite Gruppe hat auf die oben genannten Fragen eine Antwort: Nämlich, die Frau hat vorher schon einmal bei der Polizei angerufen. Die Reaktion des Polizisten entblößt sie, indem er ihr durch seine skeptische Rückfrage die Verschiebung von Realität und Einbildung bewußtmacht. Das erklärt auch die Verzweiflung der Frau.

Die Gruppe hat also mit ihrem Interpretationsschema „Der Puma existiert nur in der Einbildung der Frau." auch eine Erklärung für die zentralen Fragen in diesem letzten Textabschnitt. Sie kann damit die Lücken des Textes schließen und einen kohärenten Zusammenhang herstellen. Sie hat überdies auch eine Antwort auf die Frage, warum diese Geschichte erzählt wird (globales Thema, erzählerische Absicht); denn das Schema „Der Puma ist Fiktion." läßt sich noch verallgemeinern, indem man sagt: „Bei der Frau verschieben sich die Wirklichkeitsbezüge, indem Fiktion und Realität ineinander übergehen." Damit hat man eine allgemeine Aussage gewonnen, die der Geschichte eine erzählerische Motivation gibt und die sich nun über den Text hinausgehend an reale Erfahrungen und Lebenszusammenhänge des realen Lesers anknüpfen läßt. Jeder Leser mag diesen Deutungsrahmen „Verschiebung von Realitätsbereichen" sprachlich unterschiedlich formulieren und damit wiederum mit unterschiedlichen Konnotationen besetzen, aber dennoch ist dieses ein nachvollziehbarer Deutungsrahmen, der bis zu einem gewissen Grade vom Text her festgelegt ist.

Von hier aus öffnen sich wieder erneute Deutungsspielräume für den Leser. Wenn er nämlich nach einer Erklärung für die Frau und ihr Problem sucht.

Aufgabe 80

Was meinen Sie, warum hat die Frau das Problem, daß sich Fiktion und Realität ineinanderschieben?

Mit dieser Frage gehen wir über den Text hinaus und verallgemeinern ihn. Was immer Sie jetzt für eine Erklärung haben – sei es, daß die Frau einsam ist; daß sie krank ist, weil sie einsam ist; daß ihr Problem damit zusammenhängt, daß sie Haushälterin ist und unzufrieden ist ... etc. – all diese möglichen Erklärungen sind letztlich aus Ihren Weltvorstellungen und Wertungen abgeleitet. Der Text öffnet sich hier dem Leser, der ihn durch Verallgemeinerungen in seinen Lebenszusammenhang einbinden kann/ wird. Auf der Grundlage eines Deutungsschemas, das der Text in gewisser Hinsicht festlegt, wird der Leser in seiner weiteren Ausdeutung dieses Schemas den Text mit „seinen" Weltinhalten aufladen und darin eben auch seine Eigenperspektive herantragen.

Wie Sie sehen, inszeniert der Text ein fortlaufendes Wechselspiel von Öffnen und Schließen von Sinnzusammenhängen, von Erzeugung und Bestätigung oder Brechung von Erwartungen, von Deutungsspielräumen und Festlegen von Deutungen.

Die Aufgabe des Lesers besteht darin, seine jeweiligen Hypothesen beim Weiterlesen zu überprüfen. Dazu muß er die verschiedenen Signale im Text interpretieren können, wie z.B.

a) <u>sprachliche Signale</u>: „Gleich, gleich mußte das Kind kommen." Dieser Satz verweist auf etwas Regelmäßiges und Planmäßiges. Sein Verständnis erfordert also einmal sprachliche Kenntnisse, aber auch ein allgemeines Wissen, wann ein Kind regelmäßig zurückkommt und wohin es regelmäßig zurückkommt. Eine mögliche Antwort wäre: nach der Schule, nach Hause.

Ein weiteres Signal ist: „hatte seinen Schatten mit über die Hecke genommen". Es handelt sich um einen metaphorischen Sprachgebrauch, der weniger eine reale Gefahrensituation anzeigt als andere Kontexte.

b) <u>Kontextsignale</u> wie z.B.: Barbara Frischmuth ist eine österreichische Schriftstellerin; Haushälterin; Landhausstraße. Diese Signale grenzen den Ort ein, in dem diese Geschichte spielen könnte und enthalten somit schon versteckte Hinweise auf eine „nicht normale" Situation.

c) <u>Textsignale/Gattungssignale</u>: Der Verweis auf das „Kind" zu Anfang löst die berechtigte Erwartung aus, daß das Kind im folgenden noch eine Rolle spielen könnte. Jedoch wird diese Möglichkeit mit dem dritten Abschnitt eingegrenzt, wo der Text seinen thematischen Hauptgedanken allmählich zu erkennen gibt: daß der Puma Fiktion ist. Für diesen Rahmen spielt das Kind weiter keine Rolle.

Ein weiteres Signal ist die Innenperspektive. Sie zeigt mir zumindest an, daß es sich wohl kaum um eine abenteuerliche Situation handeln könnte, sondern der „Puma" noch in einem anderen Zusammenhang zu sehen sein könnte.

d) <u>literarische und erzählerische Signale</u>: Alle Hinweise im Text, die darauf zielen, die Situation mit dem Puma als real vorzugeben, könnten zugleich auch Signale auf die „Fiktivität"* der Situation sein. Diese Bewertung leitet sich aus dem Wissen und der Erwartung des Lesers ab, daß Erzählungen und allgemein literarische Texte aus bestimmten Motiven heraus geschrieben werden und auf bestimmte Ziele hinsteuern. Die Suche nach der erzählerischen Motivation und Zielsetzung steuert ganz wesentlich den Leser. Er kann aufgrund seiner Annahme, daß Geschichten einen Sinn, d.h. eine Absicht und ein Ziel haben müssen, Hypothesen bilden, die sich über eine größere Textmenge nach vorne erstrecken. Der Leser kann sich in seiner Erwartungshaltung offen halten, wo der Text ihm zugleich feste Schemata (z.B. die Wirklichkeit des Pumas) anbietet. Diese längerfristigen Erwartungen des Lesers leiten sich hierbei aus seinem Wissen über literarisch-ästhetische wie erzählerische Spielregeln ab.

Die verschiedenen Hinweise im Text sprechen jeweils sehr unterschiedliche Wissensbereiche in einem Leser an und veranlassen ihn abzuwägen, welche Interpretationen wahrscheinlich sind. Der Leser muß also unter Einschluß seines jeweiligen Wissens (Sprach-, Text-, Gattungs- und Weltwissen) Textsignale im Hinblick auf mögliche Deutungen bewerten.

Der Leser durchläuft fortlaufend ein inneres, stillschweigendes und zumeist unbewußtes <u>Entscheidungsverfahren</u>, bei dem er in der Auseinandersetzung mit dem Text jeweils sein Wissen anwendet, um Deutungs- und Erwartungsspielräume einzugrenzen.

Dieses innere Entscheidungsverfahren – in der Fachliteratur auch „Heuristik"* genannt – erfordert somit von einem Leser nicht nur, daß er die Sprache beherrscht, mit kommunikativen Spielregeln des Textaufbaus und der Themenführung sowie mit der beschriebenen Wirklichkeit vertraut ist, sondern es erfordert auch ein <u>Können</u>, nämlich sein <u>Wissen</u> so <u>anzuwenden</u>, daß er Erwartungen einnehmen, Hypothesen bilden und abändern kann, bis er am Ende eine Ganzheit / ein Gesamtverständnis gefunden hat. Das sind Deutungsfähigkeiten, die grundlegend für das Verstehen literarischer Texte sind.

Da das Deuten selbst eine Kulturtechnik ist, können auch hier beim Lesen fremdsprachlicher Texte Verstehenshindernisse auftreten, wenn nämlich ein fremdsprachiger Leser mit diesen Deutungstechniken nicht vertraut ist.

Wenn die erste Gruppe an dem Schema „Der Puma ist real." festhält, dann hat sie den Text mißverstanden. Das heißt, sie hat bestimmte Textsignale, die dieses Schema in Frage stellen und Erwartungen bezüglich eines anderen Schemas erzeugen, entweder nicht wahrgenommen oder aber nicht bewerten können. Die Gründe dafür mögen vielfältig sein. Vielleicht sind bestimmte I n t e r p r e t a t i o n s t e c h n i k e n nicht einsetzbar, weil sie aufgrund ihrer literarischen Ausbildung in ihren Heimatländern darüber nicht verfügen, vielleicht haben sie kein Interpretationsschema wie „Verschiebung von Realität und Fiktion", vielleicht ist dieses ein Begriffspaar und ein Denken, das ihnen fremd ist, so daß sie in dieser Hinsicht auch keine Erwartungen einnehmen können.

Was die Vertreter der zweiten Gruppe betrifft, so läßt sich festhalten, daß sie offenbar über das Schema des Textes „Verschiebung von Realität und Fiktion" verfügen und von irgendeinem Punkt an dieses Schema bei ihnen aktiviert wird. Vor diesem Hintergrund konnten Sie auch weitere Textinformationen angemessen deuten und eine Kohärenz* herstellen.

Erwartungshorizonte

Literarische Texte setzen einen bestimmten Leser voraus, einen Leser, der mit den Kategorien und Sinnzusammenhängen, die ihnen zugrunde liegen, vertraut ist, so daß er die notwendigen Ergänzungen in einem Text vornehmen kann. Sie setzen auch die Fähigkeit bei einem Leser voraus, sein Wissen einbringen zu können und Hinweise auf versteckte Zusammenhänge aufnehmen und deuten zu können, damit er Sinn bilden kann (= D e u t u n g s f ä h i g k e i t e n). Texte spielen mit den Erwartungen des Lesers, indem sie bestimmte Deutungsschemata aktivieren, im weiteren Verlauf des Lesens wieder zurücknehmen, bestätigen, umwandeln u.a.m. Hier gibt es eine Fülle von Möglichkeiten, die Erwartungen des Lesers zu steuern. Damit wird insgesamt die Leseerfahrung organisiert, um auf diese Weise Erfahrungs- und Sehweisen eines gesellschaftlich-geschichtlichen Raumes zu vermitteln. Ein realer Leser, der aufgrund einer anderen kulturellen Verwurzelung in einem anderen Horizont von Erwartungen (H.-R.-Jauß, 1970), Erfahrungen und Wissen steht als der fremdsprachliche literarische Text, muß sich die dem Text zugrunde liegenden Schemata erst erarbeiten, und d.h., er muß neue Erwartungen erwerben.

Unter diesem Aspekt ist das Lesen eines literarischen Textes ein L e r n p r o z e ß : Der Leser kann in der Auseinandersetzung mit dem Text schrittweise neue Erwartungen erwerben, alte modifizieren und sich im steten Wechsel von Texterwartungen und eigenen Erwartungen Fremdes aneignen.

Um einen solchen Lernprozeß der schöpferischen Auseinandersetzung mit einem literarischen Text auszulösen und zu steuern, werden in der Literatur besondere Stilmittel verwendet. Ein zentrales Stilmittel ist die Gestaltung der Perspektive, die wir uns nun bei dem Text von B. Frischmuth noch genauer ansehen sollten.

B. Frischmuth wählt eine bestimmte Perspektive, aus der heraus die Geschichte entwickelt wird und die in besonderer Weise die Erwartungen des Lesers lenkt. Um die Perspektive eines Textes zu ermitteln, können Sie einmal die Fragen stellen:

a) Wer erzählt? (Erzähler)

b) Wer handelt, erfährt, beobachtet, denkt? (Figur in der erzählten Welt)

Sie erinnern sich, der Erzähler in „Momo" steht außerhalb der erzählten Welt, während der Erzähler im „Bassompierre" identisch ist mit der Handlungsfigur.

Neben diesem Unterscheidungsmerkmal gibt es noch ein zweites:

a) Wird aus der I n n e n p e r s p e k t i v e einer Figur heraus erzählt/dargestellt?

b) Werden Figuren und Vorgänge von einer A u ß e n p e r s p e k t i v e her dargestellt wie bei M. Ende und auch bei Goethe, wo der Ich-Erzähler seine eigenen Erlebnisse von außen schildert?

Wenden Sie diese Unterscheidungsmerkmale einmal auf den Text von B. Frischmuth an:

Aufgabe 81

> 1. Aus welcher Perspektive heraus wird die Geschichte entwickelt?
>
> 2. Wo liegt die Perspektive am Anfang?
>
> 3. Ändert sich die Perspektive im Verlaufe des Textes?

Wenn Sie die Perspektive beschrieben haben, können wir weiterfragen:

Aufgabe 82

> *Welche Folge hat die gewählte Perspektive in dem Text für den Leser?*

Wie wir an früherer Stelle bereits gesagt haben, besitzen alle Stilmittel eine Funktion im Hinblick auf die Absichten eines Erzählers/Autors. Die Aufgabe des Lesers besteht nicht nur darin, Stilmittel zu erkennen, sondern er muß sie auch bewerten und mit den Textinhalten integrieren können, um eine Gesamtheit zu finden.

Aufgabe 83

> - *Warum wählt B. Frischmuth diese Perspektive?*
> - *Welche Funktion hat die Perspektive für die Entwicklung des Themas dieses Textes?*

Zusammenfassung

1. Literarische Texte erzeugen Erwartungen bei einem Leser, die wiederum seinen Lese- und Verstehensprozeß steuern.

2. Diese Erwartungen leiten sich ab aus jenen Deutungsschemata, die bei einem Leser wachgerufen werden.

3. Allgemein leiten sich Erwartungen ab aus dem <u>Wissen des Lesers</u> über
   a) die Sprache und ihre Konventionen
   b) über Texte und ihren Aufbau
   c) über Gattungen
   d) über literarische Stilmittel und Strategien
   e) über die Welt und bestimmte Zusammenhänge in der Welt wie z.B. das Wissen, wo Pumas normalerweise vorkommen.

4. Darüber hinaus braucht ein Leser auch <u>Deutungstechniken,</u> um Sinn bilden zu können. Er muß Signale eines Textes wahrnehmen können, um Erwartungen einnehmen und Hypothesen bilden zu können. Er muß sein vorhandenes Wissen auf Texte anwenden können, und er muß zugrundeliegende Schemata ableiten können.

5. Wenn ein Leser aber nicht über die dem Text zugrunde liegenden Schemata und Begriffe verfügt, z.B. aufgrund kulturräumlicher Distanzen oder auch aufgrund einer zeitlichen Distanz innerhalb eines Kulturraumes, dann kann es geschehen, daß er die Textsignale nicht sieht oder nicht richtig bewerten kann und daß er falsche Erwartungen an einen Text heranträgt und somit insgesamt den Text mißversteht und verzerrt.

6. Erzeugung, Aufrechterhaltung, Erfüllung ·und Brechung von Erwartungen des Lesers sind literarische Stilmittel, um die Erfahrung des Lesers zu strukturieren und mit ihm und seinem Wissen zu spielen. Diese Erfahrungen eröffnen dem Leser den Zugang zu versteckten Sinnzusammenhängen und den jeweiligen Sehweisen eines gesellschaftlich-geschichtlichen Raumes.

7. Die <u>Erfahrung</u> des Lesers erhält unter diesem Vorzeichen eine Vermittlungsfunktion. Sie ist wie die Sprache <u>ein Medium</u>.

8. Nicht zuletzt liegt darin auch die schöpferische Seite des Lesens und Deutens und auch die Chance für das Verstehen fremdsprachlicher Texte: Der Leser kann aus seiner Text- und Leseerfahrung heraus Neues erwerben.

7.2 Lesen als Lernprozeß

Aus den vorhergehenden Betrachtungen und Analysen können wir für den fremdsprachlichen Literaturunterricht folgendes ableiten:

Zum methodischen Verfahren:

Durch das abschnittsweise Lesen eines Textes wird der Lesevorgang insgesamt verlangsamt und unterbrochen. Damit können Leseerfahrungen, insbesondere die Erwartungen und Hypothesen des Lesers, und deren schrittweise Weiterentwicklung sichtbar gemacht werden. Das hat für den Unterricht mehrere Funktionen:

a) eine motivationale Funktion: Meiner Erfahrung nach macht es den Schülern Spaß, zu antizipieren, wie es weitergehen könnte. Sie werden neugierig und sind selbst gespannt, ob ihre Erwartungen nun zutreffen oder nicht.

b) eine kommunikative Funktion: Insbesondere unter dem Aspekt fremdsprachlichen Lesens und Verstehens bilden Erwartungen eine Schnittfläche (oder auch eine Prüffläche), wo der fremdsprachige Leser in Übereinstimmung mit dem Text Erwartungen einnimmt, wo er abweicht, wo er sich mit dem Text und auch mit anderen fremdsprachigen wie muttersprachigen Lesern trifft und somit eine gemeinsame Verständigungsbasis gegeben ist und wo sich seine individuelle Lesart, seine Eigenperspektive herausdifferenziert.

c) eine didaktisch-hermeneutische Funktion: Durch Bildung und Überprüfung von eigenen Hypothesen am Text wird der Schüler fortlaufend mit seinen eigenen Vorverständnissen konfrontiert, so daß das Lesen selbst und das Gespräch über die jeweiligen Erwartungen einen Lernprozeß auslösen, in dem der Schüler eine fixierte Einstellung abändern kann, seinen Blickpunkt zwischen sich und dem Text – wie auch zwischen sich und anderen Lesern – hin und her wandern lassen kann. Damit wird aus der Leseerfahrung heraus der Prozeß eines fortlaufenden Perspektivenwechsels in Gang gesetzt, von dem wir im vorhergehenden Kapitel gesagt hatten, daß er eine grundlegende Verstehens- und Wahrnehmungsfähigkeit ist. Zudem wird dieser Prozeß sichtbar gemacht und kann somit zum Gegenstand des Unterrichtsgespräches werden.

d) eine ästhetische Funktion: Das Verfahren des Textes, nämlich Leseerwartungen in besonderer Weise zu steuern, wird damit aufgedeckt und erlaubt wiederum Rückschlüsse auf übergeordnete Absichten.
Zugleich wird die Besonderheit des Literarisch-Ästhetischen, nämlich Leseerfahrungen zu organisieren, um damit bestimmte Inhalte (Weltbilder, Sehweisen) zu vermitteln, zur Grundlage des Unterrichts gemacht. Somit wird der Text selbst zum Lehrmeister des Schülers, der sich in der Auseinandersetzung mit ihm dessen zugrundeliegende Schemata erschließen kann. Darin liegt nicht zuletzt auch der schöpferische Charakter des Lesens und Deutens literarischer Texte.

Dieses Verfahren, den Leseprozeß zu verlangsamen, zwingt Ihre Schüler dazu, genau zu lesen und möglichst alle Aspekte des Textes aufzunehmen und daraufhin zu prüfen, wie weit sie mit den herangetragenen Schemata verträglich sind oder nicht.
Damit würden Sie ihre Deutungsfähigkeiten schulen, wie z.B. Bewerten von Textsignalen, Integrieren von Form und Inhalt, Anwenden von Wissen und Aufbau von Deutungszusammenhängen. Sie würden auch die Fähigkeit schulen, eigene Erfahrungen zu objektivieren und herangetragene eigenkulturelle Vorverständnisse zu hinterfragen.
Zugleich würden sich Ihre Schüler ganz persönlich einbringen können, sie wären immer in ihrem „Eigenen" angesprochen – seien es ihre Gefühle und Interessen, seien es ihre Erfahrungen und allgemeinen Weltorientierungen.
Insgesamt würde die Fähigkeit, sich fremdsprachliche Texte selbständig anzueignen, gefördert werden, so daß sie selbst Hypothesen bilden und am Text überprüfen können, daß sie Erwartungen einnehmen und diese im Verlaufe des Lesens modifizieren können, daß sie Standorte wechseln können und insgesamt in der Lage sind, schöpferisch mit einem Text umzugehen und Sinnzusammenhänge zu bilden, die sowohl textangemessen sind als auch ihre eigene Sichtweise ausdrücken.

Da Erwartungen sich aus verschiedenen Wissensbereichen des Lesers ableiten, könnten Sie im Unterricht gezielt das Wissen aufbauen, das für ein angemessenes Textverständnis jeweils notwendig ist. Wenn beispielsweise Ihre Schüler bei dem Wort „Puma" an Länder denken, wo Pumas leben, und es deshalb gar nicht für unwahrscheinlich halten, daß der Puma wirklich ist, dann müßten Sie den Kontext aktualisieren, in den dieser Text einzuordnen ist. „Haushälterin", „Landhausstraße", eventuell auch das Wissen, daß B.Frischmuth eine österreichische Schriftstellerin ist (Das ist nicht unbedingt zwingend, denn sie kann natürlich durchaus über ein exotisches Land schreiben; aber es könnte als stützendes Signal wirken, das mit den anderen zusammen den möglichen Kontext eingrenzt.), sind Hinweise darauf, daß diese Geschichte nicht in einem exotischen Land spielt, sondern in einem deutschsprachigen Land, wo es normalerweise keine Pumas gibt. Damit würde sich die Frage nach der Wahrscheinlichkeit und/oder Unwahrscheinlichkeit des Auftretens des Pumas hier stellen.

Auf diese Weise wird der Leseprozeß zu einem Lernprozeß, wo schrittweise vorhandenes Hintergrundwissen Ihrer Schüler aktualisiert und vor allem auf den Text angewandt wird, um verständliche und überzeugende Zusammenhänge zu bilden, und wo fehlendes Hintergrundwissen so vermittelt und aufgebaut werden kann, daß es mit der Texterfahrung in eins geht.

Der Erwerb neuen Wissens und die Integration vorhandenen Wissens laufen hier mit dem Lese- und Erfahrungsprozeß einher. Damit würden Sie einer lernpsychologischen Einsicht folgen, derzufolge neue Begriffe (neues Wissen) aus der Erfahrung heraus entwickelt werden sollten, damit sie wirklich verstanden und verarbeitet sind. An diesem Punkt verbindet sich Lernen mit der spezifisch literarisch-ästhetischen Erfahrung und der schöpferischen Kraft des Lesers, Sinn zu bilden.

8 Literaturhinweise

AEBLI, Hans (1983): *Zwölf Grundformen des Lehrens. Eine allgemeine Didaktik auf psychologischer Grundlage.* Stuttgart: Klett.

AUSUBEL, David P. (1974): *Psychologie des Unterrichts.* 2 Bde. Weinheim/Basel: Beltz.

BALLSTAEDT, Steffen-Peter/MANDL, Heinz/SCHNOTZ, Wolfgang/TERGAN, Sigmar-Olaf (1981): *Texte verstehen, Texte gestalten.* München/Wien/Baltimore: Urban & Schwarzenberg.

BREDELLA, Lothar (1985): *Literarische Texte im Fremdsprachenunterricht: Gründe und Methoden.* In: HEID, Manfred (Hrsg.): *Literarische Texte im kommunikativen Fremdsprachenunterricht.* München: Goethe-Institut, 352-393.

BREDELLA, Lothar/LEGUTKE, Michael (1985): *Schüleraktivierende Methoden im Fremdsprachenunterricht Englisch.* Bochum: Kamp.

BRUNER, Jerome S. (1973): *Der Akt der Entdeckung.* In: NEBER, Heinz (Hrsg.): *Entdeckendes Lernen.* Weinheim/Basel: Beltz, 15-27.

EHLERS, Swantje (1984): *Die Psychologisierung der Leseerfahrung. Hugo von Hofmannsthal „Das Erlebnis des Marschalls von Bassompierre".* In: *Germanisch-Romanische Monatsschrift.* Neue Folge, Bd. 34, Heft 1/2, 177-182.

DIES. (1985): *Lesestrategien: Zum Aufbau von Verstehensmustern im Rahmen der Auslandsgermanistik.* In: *Info Deutsch als Fremdsprache,* Jg.13, Nr. 1, 3-15.

DIES. (1986): *Kultureller Abstand und Textverstehen.* In: NEUNER, Gerhard (Hrsg.): *Kulturkontraste im DaF-Unterricht.* München: Iudicium, 163-173.

GADAMER, Hans-Georg (1975): *Wahrheit und Methode.* Tübingen: Mohr.

GERIGHAUSEN, Josef/SEEL, Peter (Hrsg.) (1983): *Interkulturelle Kommunikation und Fremdverstehen.* München: Goethe-Institut.

GEULEN, Dieter (Hrsg.) (1982): *Perspektivenübernahme und soziales Handeln. Texte zur sozialkognitiven Entwicklung.* Frankfurt: Suhrkamp.

GROEBEN, Norbert (1982): *Leserpsychologie. Textverständnis – Textverständlichkeit.* Münster: Aschendorff.

HAUBRICHS, Wolfgang (Hrsg.) (1977): *Erzählforschung 1 und 2. Theorien. Modelle und Methoden der Narrativik.* Göttingen: Vandenhoeck & Ruprecht.

HEID, Manfred (Hrsg.) (1985): *Literarische Texte im kommunikativen Fremdsprachenunterricht.* Werkstattgespräche New York 1984. München: Goethe-Institut.

HELMLING, Brigitte/WACKWITZ, Gustav (1986): *Literatur im Deutschunterricht am Beispiel von narrativen Texten.* München: Goethe-Institut.

HEUERMANN, Hartmut/HÜHN, Peter (1983): *Fremdsprachige vs. muttersprachige Rezeption: Eine empirische Analyse text- und leserspezifischer Unterschiede.* Tübingen: Narr.

HUNFELD, Hans (1980): *Einige Grundzüge einer fremdsprachenspezifischen Literaturdidaktik.* In: WIERLACHER, Alois (Hrsg.): *Fremdsprache Deutsch.* München: Fink. Bd. 2, 507-520.

DERS:(1985): *Das deutliche Gegenüber. Zur Hermeneutik des Fremdsprachen-unterrichts*. In: KRULL,Wilhelm / WEFELMEYER, Fritz (Hrsg.): *Textarbeit – Lite-rarische Texte*. München: Iudicium, 25-45.

ISER, Wolfgang (1972): *Der implizite Leser. Kommunikationsformen des Romans von Bunyan bis Beckett*. München: Fink.

JAUSS, Hans-Robert (1970): *Literaturgeschichte als Provokation*. Frankfurt: Suhr-kamp.

KARCHER, Günther, L. (1985): *Aspekte einer Fremdsprachenlegetik. Zur Differenzierung von erst- und fremdsprachlichem Lesen*. In: Jahrbuch Deutsch als Fremdsprache 11, 12-35.

KAST, Bernd (1984): *Literatur im Unterricht – methodisch-didaktische Vorschläge für Lehrer*. München: Goethe-Institut.

DERS. (1985): *Jugendliteratur im kommunikativen Deutschunterricht*. München: Langenscheidt.

KLEIN, Wolfgang (Hrsg.) (1984): *Textverständlichkeit – Textverstehen*. Zeitschrift für Literaturwissenschaft und Linguistik. Göttingen: Vandenhoeck & Ruprecht. Jg. 14, H. 55.

KRUSCHE, Dietrich (1985): *Literatur und Fremde. Zur Hermeneutik kulturräum-licher Distanz*. München: Iudicium.

LÄMMERT, Eberhard (1955): *Bauformen des Erzählens*. Stuttgart: Metzler.

LÜTHI, Max (1981): *Das europäische Volksmärchen*. München: Francke.

MANDL, Heinz (Hrsg.) (1981): *Zur Psychologie der Textverarbeitung*. München / Wien / Baltimore: Urban & Schwarzenberg.

MUKAŘOVSKÝ, Jan (1970): *Kapitel aus der Ästhetik*. Frankfurt: Suhrkamp.

NEUNER, Gerhard/KRÜGER, Michael/GREWER, Ulrich (1981): *Übungstypologie im kommunikativen Deutschunterricht*. München: Langenscheidt.

PIAGET, Jean (1936, 1973): *Das Erwachen der Intelligenz beim Kinde*. Stuttgart: Klett.

SOWINSKI, Bernhard (1973): *Deutsche Stilistik*. Frankfurt: Fischer.

STANZEL, Franz K. (1965): *Typische Formen des Romans*. Göttingen: Vandenhoeck & Ruprecht.

STIEFENHÖFER, Helmut (1986): *Lesen als Handlung*. Weinheim/Basel: Beltz.

SZONDI, Peter (1975): *Einführung in die literarische Hermeneutik*. Frankfurt: Suhr-kamp.

WESTHOFF, Gerard J. (1987): *Didaktik des Leseverstehens*. München: Hueber.

WIERLACHER, Alois (Hrsg.) (1980): *Fremdsprache Deutsch 1 und 2*. München: Fink.

WILLENBERG, Heiner (1978): *Zur Psychologie literarischen Lesens. Wahrnehmung, Sprache und Gefühle*. Paderborn: Schöningh.

HANS MANZ

Verstehen

Du bist noch zu klein, um das zu verstehen,
das kannst du noch nicht verstehen,
nein, das verstehst du nicht,
verstehst das nicht,
noch nicht,
verstanden!!!

Manz (1974), 12

Hans Manz

H. Manz wurde 1931 in der Schweiz geboren. Er arbeitet als Lehrer in Zürich und erhielt den Schweizer Schillerpreis. Er hat Übersetzungen, Erzählungen, einen Roman, Gedichte, Texte für Kinder und zwei Sprachbücher veröffentlicht:

- *Worte kann man drehen,* 1974
- *Kopfstehen macht stark,* 1978

Fünfzehn

Sie trägt einen Rock, den kann man nicht beschreiben, denn schon ein einziges Wort wäre zu lang. Ihr Schal dagegen ähnelt einer Doppelschleppe: lässig um den Hals geworfen, fällt er in ganzer Breite über Schienbein und Wade. (Am liebsten hätte sie einen Schal, an dem mindestens drei Großmütter zweieinhalb Jahre gestrickt haben - eine Art Niagara-Fall aus Wolle. Ich glaube, von einem solchen Schal würde sie behaupten, daß er genau ihrem Lebensgefühl entspricht. Doch wer hat vor zweieinhalb Jahren wissen können, daß solche Schals heute Mode sein würden.) Zum Schal trägt sie Tennisschuhe, auf denen sich jeder ihrer Freunde und jede ihrer Freundinnen unterschrieben haben. Sie ist fünfzehn Jahre alt und gibt nichts auf die Meinung uralter Leute - das sind alle Leute über dreißig.

Könnte einer von ihnen sie verstehen, selbst wenn er sich bemühen würde? Ich bin über dreißig.

Wenn sie Musik hört, vibrieren noch im übernächsten Zimmer die Türfüllungen. Ich weiß, diese Lautstärke bedeutet für sie Lustgewinn. Teilbefriedigung ihres Bedürfnisses nach Protest. Überschallverdrängung unangenehmer logischer Schlüsse. Trance. Dennoch ertappe ich mich immer wieder bei einer Kurzschlußreaktion: Ich spüre plötzlich den Drang in mir, sie zu bitten, das Radio leiser zu stellen. Wie also könnte ich sie verstehen - bei diesem Nervensystem?

Noch hinderlicher ist die Neigung, allzu hochragende Gedanken erden zu wollen.

Auf den Möbeln ihres Zimmers flockt der Staub. Unter ihrem Bett wallt er. Dazwischen liegen Haarklemmen, ein Taschenspiegel, Knautschlacklederreste, Schnellhefter, Apfelstiele, ein Plastikbeutel mit der Aufschrift „Der Duft der großen weiten Welt", angelesene und übereinandergestülpte Bücher (Hesse, Karl May, Hölderlin), Jeans mit in sich gekehrten Hosenbeinen, halb- und dreiviertel gewendete Pullover, Strumpfhosen, Nylon und benutzte Taschentücher. (Die Ausläufer dieser Hügellandschaft erstrecken sich bis ins Bad und in die Küche.) Ich weiß: Sie will sich nicht den Nichtigkeiten des Lebens ausliefern. Sie fürchtet die Einengung des Blicks, des Geistes. Sie fürchtet die Abstumpfung der Seele durch Wiederholung! Außerdem wägt sie die Tätigkeiten gegeneinander ab nach dem Maß an Unlustgefühlen, das mit ihnen verbunden sein könnte, und betrachtet es als Ausdruck persönlicher Freiheit, die unlustintensiveren zu ignorieren. Doch nicht nur, daß ich ab und zu heimlich ihr Zimmer wische, um ihre

Mutter vor Herzkrämpfen zu bewahren - ich muß mich auch der Versuchung erwehren, diese Nichtigkeiten ins Blickfeld zu rücken und auf die Ausbildung innerer Zwänge hinzuwirken.

Einmal bin ich dieser Versuchung erlegen.

Sie ekelt sich schrecklich vor Spinnen. Also sagte ich: „Unter deinem Bett waren zwei Spinnennester."

Ihre mit lila Augentusche nachgedunkelten Lider verschwanden hinter den hervortretenden Augäpfeln, und sie begann „Iix! Ääx! Uh!" zu rufen, so daß ihre Englischlehrerin, wäre sie zugegen gewesen, von soviel Kehlkopfknacklauten - englisch „glottal stops" - ohnmächtig geworden wäre. „Und warum bauen die ihre Nester gerade bei mir unterm Bett?"

„Dort werden sie nicht oft gestört." Direkter wollte ich nicht werden, und sie ist intelligent.

Am Abend hatte sie ihr inneres Gleichgewicht wiedergewonnen. Im Bett liegend, machte sie einen fast überlegenen Eindruck. Ihre Hausschuhe standen auf dem Klavier. „Die stelle ich jetzt immer dorthin", sagte sie. „Damit keine Spinnen hineinkriechen können."

Kunze (1976), 27–29

Reiner Kunze

R. Kunze wurde 1933 in Oelsnitz (Erzgebirge) geboren. Er studierte in Leipzig Philosophie und Publizistik. Seit 1959 arbeitet er als freischaffender Schriftsteller und Übersetzer. 1977 siedelte er aus politischen Gründen aus der ehemaligen DDR in die Bundesrepublik über.

1977 erhielt er den Georg-Büchner-Preis. Er hat Lyrik, Kurzprosa, Kinderbücher und Essays geschrieben:

- *Die wunderbaren Jahre,* 1976
- *Sensible Wege,* 1969
- *Zimmerlautstärke,* 1972
- *auf eigene hoffnung,* 1981
- *eines jeden einziges leben,* 1986

MICHAEL ENDE

Momo

Aber eines Tages sprach es sich bei den Leuten herum, daß neuerdings jemand in der Ruine wohne. Es sei ein Kind, ein kleines Mädchen vermutlich. So genau könne man das allerdings nicht sagen, weil es ein bißchen merkwürdig angezogen sei. Es hieße Momo oder so ähnlich.

Momos äußere Erscheinung war in der Tat ein wenig seltsam und konnte auf Menschen, die großen Wert auf Sauberkeit und Ordnung legen, möglicherweise etwas erschreckend wirken. Sie war klein und ziemlich mager, so daß man beim besten Willen nicht erkennen konnte, ob sie erst acht oder schon zwölf Jahre alt war. Sie hatte einen wilden, pechschwarzen Lockenkopf, der so aussah, als ob er noch nie mit einem Kamm oder einer Schere in Berührung gekommen wäre. Sie hatte sehr große, wunderschöne und ebenfalls pechschwarze Augen und Füße von der gleichen Farbe, denn sie lief fast immer barfuß. Nur im Winter trug sie manchmal Schuhe, aber es waren zwei verschiedene, die nicht zusammenpaßten und ihr außerdem viel zu groß waren. Das kam daher, daß Momo eben nichts besaß, als was sie irgendwo fand oder geschenkt bekam. Ihr Rock war aus allerlei bunten Flicken zusammengenäht und reichte ihr bis auf die Fußknöchel. Darüber trug sie eine alte, viel zu weite Männerjacke, deren Ärmel an den Handgelenken umgekrempelt waren. Abschneiden wollte Momo sie nicht, weil sie vorsorglich daran dachte, daß sie ja noch wachsen würde. Und wer konnte wissen, ob sie jemals wieder eine so schöne und praktische Jacke mit so vielen Taschen finden würde.

Ende (1973), 9-10

Michael Ende

M. Ende wurde am 12.11.1929 in Garmisch-Partenkirchen geboren. Er schrieb früh kleine Erzählungen und Gedichte. Nach dem Krieg besuchte er die Schauspielschule in München und arbeitete danach für den Bayrischen Rundfunk. Von 1971-85 lebte er in der Nähe von Rom. Heute arbeitet er als freier Schriftsteller in München.
Werkauswahl:

- *Jim Knopf und Lukas, der Lokomotivführer,* 1960
- *Momo,* 1973
- *Der Spiegel im Spiegel,* 1984
- *Die unendliche Geschichte,* 1979

JOHANN PETER HEBEL

Unverhofftes Wiedersehen

In Falun in Schweden küßte vor guten fünfzig Jahren und mehr ein
junger Bergmann seine junge hübsche Braut und sagte zu ihr: „Auf
Sanct Luciä wird unsere Liebe von des Priesters Hand gesegnet.
Dann sind wir Mann und Frau und bauen uns ein eigenes Nestlein."
„Und Friede und Liebe soll darin wohnen", sagte die schöne Frau
mit holdem Lächeln, „denn du bist mein Einziges und Alles, und
ohne dich möchte ich lieber im Grab sein als an einem anderen Ort."
Als sie aber vor Sanct Luciä der Pfarrer zum zweitenmal in der
Kirche ausgerufen hatte: „So nun jemand Hindernis wüßte anzuzei-
gen, warum diese Personen nicht möchten ehelich zusammenkommen", da meldete sich der Tod. Denn als der Jüngling den
anderen Morgen in seiner schwarzen Bergmannskleidung an ihrem
Haus vorbeiging, der Bergmann hat sein Totenkleid immer an, da
klopfte er zwar noch einmal an ihrem Fenster und sagte ihr guten
Morgen, aber keinen guten Abend mehr. Er kam nimmer aus dem
Bergwerk zurück, und sie saumte vergeblich selbigen Morgen ein
schwarzes Halstuch mit rotem Rand für ihn zum Hochzeitstag,
sondern als er nimmer kam, legte sie es weg und weinte um ihn und
vergaß ihn nie. Unterdessen wurde die Stadt Lissabon in Portugal
durch ein Erdbeben zerstört, und der siebenjährige Krieg ging
vorüber, und Kaiser Franz der Erste starb, und der Jesuiten-Orden
wurde aufgehoben und Polen geteilt, und die Kaiserin Maria
Theresia starb, und der Struensee wurde hingerichtet, Amerika
wurde frei, und die vereinigte französische und spanische Macht
konnte Gibraltar nicht erobern. Die Türken schlossen den General
Stein in der Veteraner Höhle in Ungarn ein, und der Kaiser Joseph
starb auch. Der König Gustav von Schweden eroberte russisch
Finnland, und die französische Revolution und der lange Krieg fing
an, und der Kaiser Leopold der Zweite ging auch ins Grab.
Napoleon eroberte Preußen, und die Engländer bombardierten
Kopenhagen, und die Ackerleute säeten und schnitten. Der Müller
mahlte, und die Schmiede hämmerten, und die Bergleute gruben
nach den Metalladern in ihrer unterirdischen Werkstatt. Als aber die
Bergleute in Falun im Jahre 1809 etwas vor oder nach Johannis
zwischen zwei Schachten eine Öffnung durchgraben wollten, gute
dreihundert Ellen tief unter dem Boden, gruben sie aus dem Schutt
und Vitriolwasser den Leichnam eines Jünglings heraus, der ganz
mit Eisenvitriol durchdrungen, sonst aber unverwest und unver-
ändert war; also daß man seine Gesichtszüge und sein Alter noch
völlig erkennen konnte, als wenn er erst vor einer Stunde gestorben
und ein wenig eingeschlafen wäre an der Arbeit. Als man ihn aber
zu Tag ausgefördert hatte, Vater und Mutter, Gefreundete und
Bekannte waren schon lange tot, kein Mensch wollte den schlafenden Jüngling kennen oder etwas von seinem Unglück wissen, bis
die ehemalige Verlobte des Bergmannes kam, der eines Tages auf
die Schicht gegangen war und nimmer zurückkehrte. Grau und
zusammengeschrumpft kam sie an einer Krücke an den Platz und
erkannte ihren Bräutigam; und mehr mit freudigem Entzücken als
mit Schmerz sank sie auf die geliebte Leiche nieder, und erst als sie

sich von einer langen heftigen Bewegung des Gemüts erholt hatte, „es ist mein Verlobter", sagte sie endlich, „um den ich fünfzig Jahre lang getrauert hatte und den mich Gott noch einmal sehen läßt vor meinem Ende. Acht Tage vor der Hochzeit ist er auf die Grube gegangen und nimmer gekommen." Da wurden die Gemüter aller Umstehenden von Wehmut und Tränen ergriffen, als sie sahen die ehemalige Braut jetzt in der Gestalt des hingewelkten kraftlosen Alters und den Bräutigam noch in seiner jugendlichen Schöne, und wie in ihrer Brust nach fünfzig Jahren die Flamme der jugendlichen Liebe noch einmal erwachte; aber er öffnete den Mund nimmer zum Lächeln oder die Augen zum Wiedererkennen; und wie sie ihn endlich von den Bergleuten in ihr Stüblein tragen ließ, als die einzige, die ihm angehöre und ein Recht an ihn habe, bis sein Grab gerüstet sei auf dem Kirchhofe. Den anderen Tag, als das Grab gerüstet war auf dem Kirchhof und ihn die Bergleute holten, schloß sie ein Kästlein auf, legte ihm das schwarzseidene Halstuch mit roten Streifen um und begleitete ihn in ihrem Sonntagsgewand, als wenn es ihr Hochzeitstag und nicht der Tag seiner Beerdigung wäre. Denn als man ihn auf dem Kirchhof ins Grab legte, sagte sie: „Schlafe nun wohl, noch einen Tag oder zehn im kühlen Hochzeitbett, und laß dir die Zeit nicht lang werden. Ich habe nur noch ein wenig zu tun und komme bald, und bald wird's wieder Tag." – „Was die Erde einmal wiedergegeben hat, wird sie zum zweitenmal auch nicht behalten", sagte sie, als sie fortging und noch einmal umschaute.

Hebel (1985), 302-305

Johann Peter Hebel

J. P. Hebel lebte von 1760 - 1826. Das „Schatzkästlein des rheinischen Hausfreundes" erschien 1811. Es ist eine Sammlung von Kurzgeschichten, Anekdoten und Schwänken. Hebel hat diese Prosastücke in der Zeit von 1803 bis 1811 verfaßt. Die Erzählungen sind volkstümlich, zugleich enthalten sie viele Anspielungen auf historische Ereignisse. Durch die Schauplätze (=Orte) seiner Geschichten, die über ganz Europa verteilt sind und teils auch in Amerika liegen, und durch die Schilderung faktischer Geschehnisse, wirken seine Geschichten glaubwürdig und phantasieanregend zugleich. Er schildert menschliche Schwächen. Oft scheitern Verhaltensweisen wie Geiz, Gewinnsucht und Konkurrenz an der Klugheit eines Einzelnen - z.B. „Die Postillione"; „Der Wasserträger". Charakteristische Stilzüge seiner Geschichten sind: indirekte Rede und Widerrede, Pointen, die eher beiläufig und unauffällig eingeblendet werden. Er verwendet in seinen Redewendungen, Vergleichen und Sätzen die Sprache des Volkes.

JOHANN WOLFGANG VON GOETHE

Das Erlebnis des Marschalls von Bassompierre

Seit fünf oder sechs Monaten hatte ich bemerkt, sooft ich über die kleine Brücke ging - denn zu der Zeit war der Pont neuf noch nicht erbauet-, daß eine schöne Krämerin, deren Laden an einem Schilde mit zwei Engeln kenntlich war, sich tief und wiederholt vor mir neigte und mir so weit nachsah, als sie nur konnte. Ihr Betragen fiel mir auf, ich sah sie gleichfalls an und dankte ihr sorgfältig. Einst ritt ich von Fontainebleau nach Paris, und als ich wieder die kleine Brücke heraufkam, trat sie an ihre Ladentüre und sagte zu mir, indem ich vorbeiritt: „Mein Herr, Ihre Dienerin!" Ich erwiderte ihren Gruß, und indem ich mich von Zeit zu Zeit umsah, hatte sie sich weiter vorgelehnt, um mir so weit als möglich nachzusehen.

Ein Bedienter nebst einem Postillion folgten mir, die ich noch diesen Abend mit Briefen an einige Damen nach Fontainebleau zurückschicken wollte. Auf meinen Befehl stieg der Bediente ab und ging zu der jungen Frau, ihr in meinem Namen zu sagen, daß ich ihre Neigung, mich zu sehen und zu grüßen, bemerkt hätte; ich wollte, wenn sie wünschte, mich näher kennenzulernen, sie aufsuchen, wo sie verlangte.

Sie antwortete dem Bedienten, er hätte ihr keine bessere Neuigkeit bringen können, sie wollte kommen, wohin ich sie bestellte, nur mit der Bedingung, daß sie eine Nacht mit mir unter einer Decke zubringen dürfte.

Ich nahm den Vorschlag an und fragte den Bedienten, ob er nicht etwa einen Ort kenne, wo wir zusammenkommen könnten.Er antwortete, daß er sie zu einer gewissen Kupplerin führen wollte, rate mir aber, weil die Pest sich hier und da zeige, Matratzen, Decken und Leintücher aus meinem Hause hinbringen zu lassen. Ich nahm den Vorschlag an, und er versprach, mir ein gutes Bett zu bereiten.

Des Abends ging ich hin und fand eine sehr schöne Frau von ungefähr zwanzig Jahren mit einer zierlichen Nachtmütze, einem sehr feinen Hemde, einem kurzen Unterrocke von grünwollenem Zeuge. Sie hatte Pantoffeln an den Füßen und eine Art von Pudermantel übergeworfen. Sie gefiel mir außerordentlich, und da ich mir einige Freiheiten herausnehmen wollte, lehnte sie meine Liebkosungen mit sehr guter Art ab und verlangte, mit mir zwischen zwei Leintüchern zu sein. Ich erfüllte ihr Begehren und kann sagen, daß ich niemals ein zierlicheres Weib gekannt habe noch von irgendeiner mehr Vergnügen genossen hätte. Den andern Morgen fragte ich sie, ob ich sie nicht noch einmal sehen könnte, ich verreise erst Sonntag; und wir hatten die Nacht vom Donnerstag auf den Freitag miteinander zugebracht.

Sie antwortete mir, daß sie es gewiß lebhafter wünsche als ich; wenn ich aber nicht den ganzen Sonntag bliebe, sei es ihr unmöglich, denn nur in der Nacht vom Sonntag auf den Montag könne sie mich wiedersehen. Als ich einige Schwierigkeiten machte, sagte sie: „Ihr seid wohl meiner in diesem Augenblicke schon überdrüssig und wollt nun Sonntags verreisen; aber Ihr werdet bald wieder an mich denken und gewiß noch einen Tag zugeben, um eine Nacht mit mir zuzubringen."

Ich war leicht zu überreden, versprach ihr, den Sonntag zu bleiben und die Nacht auf den Montag mich wieder an dem nämlichen Orte einzufinden. Darauf antwortete sie mir: „Ich weiß recht gut, mein Herr, daß ich in ein schändliches Haus um Ihretwillen gekommen bin; aber ich habe es freiwillig getan, und ich hatte ein so unüberwindliches Verlangen, mit Ihnen zu sein, daß ich jede Bedingung eingegangen wäre. Aus Leidenschaft bin ich an diesen abscheulichen Ort gekommen, aber ich würde mich für eine feile Dirne halten, wenn ich zum zweitenmal dahin zurückkehren könnte. Möge ich eines elenden Todes sterben, wenn ich außer meinem Mann und Euch irgend jemand zu Willen gewesen bin und nach irgendeinem andern verlange! Aber was täte man nicht für eine Person, die man liebt, und für einen Bassompierre? Um seinetwillen bin ich in das Haus gekommen, um eines Mannes willen, der durch seine Gegenwart diesen Ort ehrbar gemacht hat. Wollt Ihr mich noch einmal sehen, so will ich Euch bei meiner Tante einlassen.“

Sie beschrieb mir das Haus aufs genaueste und fuhr fort: „Ich will Euch von zehn Uhr bis Mitternacht erwarten, ja noch später, die Türe soll offen sein. Erst findet Ihr einen kleinen Gang, in dem haltet Euch nicht auf, denn die Türe meiner Tante geht da heraus. Dann stößt Euch eine Treppe sogleich entgegen, die Euch ins erste Geschoß führt, wo ich Euch mit offnen Armen empfangen werde.“

Ich machte meine Einrichtung, ließ meine Leute und meine Sachen vorausgehen und erwartete mit Ungeduld die Sonntagsnacht, in der ich das schöne Weibchen wiedersehen sollte. Um zehn Uhr war ich schon am bestimmten Orte. Ich fand die Türe, die sie mir bezeichnet hatte, sogleich, aber verschlossen und im ganzen Hause Licht, das sogar von Zeit zu Zeit wie eine Flamme aufzulodern schien. Ungeduldig fing ich an zu klopfen, um meine Ankunft zu melden; aber ich hörte eine Mannsstimme, die mich fragte, wer draußen sei.

Ich ging zurück und einige Straßen auf und ab. Endlich zog mich das Verlangen wieder nach der Türe. Ich fand sie offen und eilte durch den Gang die Treppe hinauf. Aber wie erstaunt war ich, als ich in dem Zimmer ein paar Leute fand, welche Bettstroh verbrannten, und bei der Flamme, die das ganze Zimmer erleuchtete, zwei nackte Körper auf dem Tische ausgestreckt sah. Ich zog mich eilig zurück und stieß im Hinausgehen auf ein paar Totengräber, die mich fragten, was ich suchte. Ich zog den Degen, um sie mir vom Leibe zu halten, und kam nicht unbewegt von diesem seltsamen Anblick nach Hause. Ich trank sogleich drei bis vier Gläser Wein, ein Mittel gegen die pestilenzialischen Einflüsse, das man in Deutschland sehr bewährt hält, und trat, nachdem ich ausgeruhet, den andern Tag meine Reise nach Lothringen an.

Alle Mühe, die ich mir nach meiner Rückkunft gegeben, irgend etwas von dieser Frau zu erfahren, war vergeblich. Ich ging sogar nach dem Laden der zwei Engel; allein die Mietleute wußten nicht, wer vor ihnen darin gesessen hatte.

Dieses Abenteuer begegnete mir mit einer Person vom geringen Stande, aber ich versichere, daß ohne den unangenehmen Ausgang es eins der reizendsten gewesen wäre, deren ich mich erinnere, und daß ich niemals ohne Sehnsucht an das schöne Weibchen habe denken können.

Goethe (1977), 162-164

Johann Wolfgang von Goethe

Die Novellensammlung „Unterhaltungen deutscher Ausgewanderten" wurde von J.W. von Goethe 1794-95 geschrieben. Sie ist 1795 in Schillers Zeitschrift „Die Horen" erschienen. Diese Dichtung besteht aus einer Rahmenhandlung, in die sechs Geschichten eingebettet sind. Die Rahmenhandlung spielt um 1793, wo die französische Armee bis Frankfurt vorgedrungen war. Eine Baronesse C. flieht mit ihren Kindern, Freunden und Hausangestellten vor dem Heer auf ein Landgut.

Um sich von den politischen Geschehnissen abzulenken, erzählen sie sich Geschichten: Liebes- und Geistergeschichten sowie das berühmte „Märchen". Mit den Novellen ist eine didaktische Absicht verbunden: Sie wollen belehren, nützlich sein und bilden.

Goethe knüpft hier an die Tradition der romanischen Novellistik an (Boccaccio, Bassompierre, „Hundert neue Novellen"). Die Geschichten werden knapp erzählt und enthalten einen Wendepunkt.

BRÜDER GRIMM

Dornröschen

Vor Zeiten war ein König und eine Königin, die sprachen jeden Tag „ach, wenn wir doch ein Kind hätten!" und kriegten immer keins. Da trug sich zu, als die Königin einmal im Bade saß, daß ein Frosch aus dem Wasser ans Land kroch und zu ihr sprach „dein Wunsch wird erfüllt werden, ehe ein Jahr vergeht, wirst du eine Tochter zur Welt bringen." Was der Frosch gesagt hatte, das geschah, und die Königin gebar ein Mädchen, das war so schön, daß der König vor Freude sich nicht zu lassen wußte und ein großes Fest anstellte. Er ladete nicht bloß seine Verwandte, Freunde und Bekannte, sondern auch die weisen Frauen dazu ein, damit sie dem Kind hold und gewogen wären. Es waren ihrer dreizehn in seinem Reiche, weil er aber nur zwölf goldene Teller hatte, von welchen sie essen sollten, so mußte eine von ihnen daheim bleiben. Das Fest ward mit aller Pracht gefeiert, und als es zu Ende war, beschenkten die weisen Frauen das Kind mit ihren Wundergaben: die eine mit Tugend, die andere mit Schönheit, die dritte mit Reichtum, und so mit allem, was auf der Welt zu wünschen ist. Als elfe ihre Sprüche eben getan hatten, trat plötzlich die dreizehnte herein. Sie wollte sich dafür rächen, daß sie nicht eingeladen war, und ohne jemand zu grüßen oder nur anzusehen, rief sie mit lauter Stimme „die Königstochter soll sich in ihrem funfzehnten Jahr an einer Spindel stechen und tot hinfallen." Und ohne ein Wort weiter zu sprechen, kehrte sie sich um und verließ den Saal. Alle waren erschrocken, da trat die zwölfte hervor, die ihren Wunsch noch übrig hatte, und weil sie den bösen Spruch nicht aufheben, sondern nur ihn mildern konnte, so sagte sie „es soll aber kein Tod sein, sondern ein hundertjähriger tiefer Schlaf, in welchen die Königstochter fällt."

Der König, der sein liebes Kind vor dem Unglück gern bewahren wollte, ließ den Befehl ausgehen, daß alle Spindeln im ganzen Königreiche sollten verbrannt werden. An dem Mädchen aber wurden die Gaben der weisen Frauen sämtlich erfüllt, denn es war so schön, sittsam, freundlich und verständig, daß es jedermann, der es ansah, lieb haben mußte. Es geschah, daß an dem Tage, wo es gerade funfzehn Jahr alt ward, der König und die Königin nicht zu Haus waren, und das Mädchen ganz allein im Schloß zurückblieb. Da ging es allerorten herum, besah Stuben und Kammern, wie es Lust hatte, und kam endlich auch an einen alten Turm. Es stieg die enge Wendeltreppe hinauf, und gelangte zu einer kleinen Türe. In dem Schloß steckte ein verrosteter Schlüssel, und als es umdrehte, sprang die Türe auf, und saß da in einem kleinen Stübchen eine alte Frau mit einer Spindel und spann emsig ihren Flachs. „Guten Tag, du altes Mütterchen," sprach die Königstochter, „was machst du da?" „Ich spinne", sagte die Alte und nickte mit dem Kopf. „Was ist das für ein Ding, das so lustig herumspringt?" sprach das Mädchen, nahm die Spindel und wollte auch spinnen. Kaum hatte sie aber die Spindel angerührt, so ging der Zauberspruch in Erfüllung, und sie stach sich damit in den Finger.

In dem Augenblick aber, wo sie den Stich empfand, fiel sie auf das Bett nieder, das da stand, und lag in einem tiefen Schlaf. Und dieser Schlaf verbreitete sich über das ganze Schloß: der König und die Königin, die eben heim gekommen waren und in den Saal getreten waren, fingen an einzuschlafen, und der ganze Hofstaat mit ihnen. Da schliefen auch die Pferde im Stall, die Hunde im Hofe, die Tauben auf dem Dache, die Fliegen an der Wand, ja, das Feuer, das auf dem Herde flackerte, ward still und schlief ein, und der Braten hörte auf zu brutzeln und der Koch, der den Küchenjungen, weil er etwas versehen hatte, an den Haaren ziehen wollte, ließ ihn los und schlief. Und der Wind legte sich, und auf den Bäumen vor dem Schloß regte sich kein Blättchen mehr.

Rings um das Schloß aber begann eine Dornenhecke zu wachsen, die jedes Jahr höher ward und endlich das ganze Schloß umzog und darüber hinauswuchs, daß gar nichts mehr davon zu sehen war, selbst nicht die Fahne auf dem Dach. Es ging aber die Sage in dem Land von dem schönen schlafenden Dornröschen, denn so ward die Königstochter genannt, also daß von Zeit zu Zeit Königssöhne kamen und durch die Hecke in das Schloß dringen wollten. Es war ihnen aber nicht möglich, denn die Dornen, als hätten sie Hände, hielten fest zusammen, und die Jünglinge blieben darin hängen, konnten sich nicht wieder losmachen und starben eines jämmerlichen Todes. Nach langen Jahren kam wieder einmal ein Königssohn in das Land und hörte, wie ein alter Mann von der Dornenhecke erzählte, es sollte ein Schloß dahinter stehen, in welchem eine wunderschöne Königstochter, Dornröschen genannt, schon seit hundert Jahren schliefe, und mit ihr schliefe der König und die Königin und der ganze Hofstaat. Er wußte auch von seinem Großvater, daß schon viele Königssöhne gekommen wären und versucht hätten, durch die Dornenhecke zu dringen, aber sie wären darin hängen geblieben und eines traurigen Todes gestorben. Da sprach der Jüngling „ich fürchte mich nicht, ich will hinaus und das schöne Dornröschen sehen." Der gute Alte mochte ihm abraten, wie er wollte, er hörte nicht auf seine Worte.

Nun waren aber gerade die hundert Jahre verflossen, und der Tag war gekommen, wo Dornröschen wieder erwachen sollte. Als der Königssohn sich der Dornenhecke näherte, waren es lauter große schöne Blumen, die taten sich von selbst auseinander und ließen ihn unbeschädigt hindurch, und hinter ihm taten sie sich wieder als eine Hecke zusammen. Im Schloßhof sah er die Pferde und scheckigen Jagdhunde liegen und schlafen, auf dem Dache saßen die Tauben und hatten das Köpfchen unter den Flügel gesteckt. Und als er ins Haus kam, schliefen die Fliegen an der Wand, der Koch in der Küche hielt noch die Hand, als wollte er den Jungen anpacken, und die Magd saß vor dem schwarzen Huhn, das sollte gerupft werden. Da ging er weiter und sah im Saale den ganzen Hofstaat liegen und schlafen, und oben bei dem Throne lag der König und die Königin. Da ging er noch weiter, und alles war so still, daß einer seinen Atem hören konnte, und endlich kam er zu dem Turm und öffnete die Türe zu der kleinen Stube, in welcher Dornröschen schlief. Da lag es und war es so schön, daß er die Augen nicht abwenden konnte, und er bückte sich und gab ihm einen Kuß. Wie er es mit dem Kuß berührt hatte, schlug Dornröschen die Augen auf, erwachte, und blickte ihn ganz freundlich an. Da gingen sie zusammen herab, und der König erwachte und die Königin und der ganze Hofstaat, und sahen einander mit großen Augen an. Und die Pferde im Hof standen auf und rüttelten sich: die Jagdhunde sprangen und wedelten: die Tauben auf dem Dache zogen das Köpfchen unterm Flügel hervor, sahen umher und flogen ins Feld: die Fliegen an den Wänden krochen weiter: das Feuer in der Küche erhob sich, flackerte und kochte das Essen: der Braten fing wieder an zu brutzeln: und der Koch gab dem Jungen eine Ohrfeige, daß er schrie: und die Magd rupfte das Huhn fertig. Und da wurde die Hochzeit des Königssohns mit dem Dornröschen in aller Pracht gefeiert, und sie lebten vergnügt bis an ihr Ende.

Brüder Grimm (1977), 281-284

Jacob und Wilhelm Grimm

Jacob Grimm (1785–1863), Wilhelm Grimm (1786–1859); Sprachwissenschaftler, Sammler deutschen Sprach- und Kulturguts. Die Brüder Grimm gelten als die wesentlichen Mitbegründer der deutschen Philologie. Ab 1830 lebten sie als Bibliothekare und Professoren in Göttingen. 1837 gehörten sie zu den ‚Göttinger Sieben‘. Dies waren Professoren, die gegen die willkürliche Aufhebung der Landesverfassung durch den König von Hannover protestierten. Alle sieben wurden sofort aus ihren Ämtern entlassen und Jacob als einer der Wortführer des Landes verwiesen. Die Brüder zogen nach Kassel und begründeten dort 1838 das „Deutsche Wörterbuch". Die erste Lieferung erfolgte 1852, aber es dauerte noch über 100 Jahre, bis dieses wichtigste Nachschlagewerk der deutschen Sprache seinen vorläufigen Abschluß fand. Weltweit bekannt wurden die Brüder Grimm durch ihre „Kinder- und Hausmärchen" (1812/1815) und „Deutsche Sagen" (1816/1818), Ergebnisse einer mehr als zehnjährigen Sammeltätigkeit. Ihre Werke hatten großen Einfluß auf Dichtung, Bildung und Kunst.

- *Kinder- und Hausmärchen,* 1812-1814
- *Deutsche Sagen,* 1816-1818
- *Deutsche Grammatik, Teil 1-4,* 1819-1837
- *Deutsches Wörterbuch,* 16 Bde., 1852-1961
- usw.

GÜNTER KUNERT

Dornröschen

Generationen von Kindern faszinierte gerade dieses Märchen, weil es ihre Phantasie erregte: wie da Jahr um Jahr eine gewaltige Hecke aufwächst, über alle Maßen hoch, ein vertikaler Dschungel erfüllt von Blühen und Welken, von Amseln und Düften, aber weglos, undurchdringlich und labyrinthisch. Die Mutigen, die sie zu bewältigen sich immer wieder einfinden, bleiben insgesamt auf der Strecke: von Dornen erspießt; hinter Verhau verfangen, gefangen, gefesselt; von giftigem Ungeziefer befallen und vom plötzlichen Zweifel gelähmt, ob es diese begehrenswerte Königstochter überhaupt gäbe. Bis eines Tages endlich der Sieger kommt: ihm gelingt, was den Vorläufern mißlungen: er betritt das Schloß, läuft die Treppe empor, betritt die Kammer, wo die Schlafende ruht, den zahnlosen Mund halb geöffnet, sabbernd, eingesunkene Lider, den haararmen Schädel an den Schläfen von blauen wurmigen Adern bekräuselt, fleckig, schmutzig, eine schnarchende Vettel.

Oh, selig alle, die, von Dornröschen träumend, in der Hecke starben und im Glauben, daß hinter dieser eine Zeit herrsche, in der die Zeit endlich einmal fest und sicher stände.

Kunert (1972), 82

Günter Kunert

G. Kunert wurde 1929 in Berlin geboren. Er studierte nach dem Krieg mehrere Semester an der Hochschule für angewandte Kunst in Berlin. Er lebte bis 1979 in der ehemaligen DDR, die er aus politischen Gründen verließ.

Er veröffentlichte Kurzprosa und Gedichte und erhielt mehrere Preise für seine Arbeiten. Zur Zeit lebt er in Schleswig-Holstein.

Werkauswahl:

- *Wegschilder und Mauerinschriften,* 1950
- *Der ungebetene Gast,* 1965
- *Unterwegs nach Utopia,* 1977
- *Berlin beizeiten,* 1987
- *Tagträume in Berlin und andernorts,* 1972
- *Warum schreiben? Notizen zur Literatur,* 1976

Verjährt

Nette Leute, unsere Nachbarn in der Strandhütte rechts, die Leute mit dem Pudel. Ruhige Leute, mit vorwiegend angenehmen Erinnerungen. Sie verbringen jeden Sommer hier, kaum wissen sie noch, seit wann. Sie haben auch letztes Jahr im „Juliana" gewohnt, waren einmal am Leuchtturm, mit Rast in der Teebude, bei ähnlichem Wetter wie im Jahr davor oder danach. Es kommt ihnen auf Übereinstimmung an, je mehr die Ferien sich gleichen, desto besser die Erholung. Öfter im Hafenort, die etwas längere, aber auch lohnendere Unternehmung. Doch noch immer haben sie sich nicht dazu aufgerafft, in einer Vollmondnacht längs des Abschlußdamms zu promenieren. Wiedermal versäumten sie an keinem ihrer vier Mittwochnachmittage das Folklorefest im Hauptort der Insel, vorher Einkäufe, Mittagessen, als Ausklang Eis. Es pflegt sie stets einigermaßen anzustrengen, im überfüllten Städtchen findet der Mann nur mit Mühe einen Parkplatz; aber es gehört dazu und ist nett, war nett, immer gewesen. Findest du nicht, Reinhard?

Sie mieten immer eine der Strandhütten auf der Nordseite, sie finden den dortigen Strandhüttenvermieter sympathischer, sie melden sich immer rechtzeitig an und bestehen auf einer der höheren Nummern, meistens wohnen sie in einer Hütte zwischen 60 und 65. Sie haben es gern ruhig. Der etwas weitere Weg, Preis dieser Ruhe, ist schließlich gesund. Sie redeten auch vor drei Jahren über den Pudel, beispielsweise. Der Pudel, das Wetter, der Badewärter, der Jeep des Badewärters, Badeanzüge, Mahlzeiten im „Juliana". Vielleicht sind einige ihrer Sätze früheren Sätzen zufällig aufs Wort gleich, das wäre wahrscheinlich, zumindest bei kurzen Sätzen. Die Bedienung im „Juliana" wechselt, aber das bringt wenig Veränderung mit sich, denn alle Kellnerinnen und Kellner und auch die Zimmermädchen sind freundlich und vergeßlich, als mache die Hotelleitung bei neuen Engagements gerade nur diese beiden Eigenschaften zur Bedingung.

Übrigens haben vor ungefähr fünfzehn Jahren unsere netten ruhigen Nachbarn sich den Frieden gewünscht, in dem sie jetzt längst leben. Das Erreichte scheint sie manchmal fast zu lähmen. Stundenlang reden sie kein Wort miteinander. Dann wieder das Hotelessen, der Vorschlag spazierenzugehen, die lauten ballspielenden Leute in der Strandhütte links, unsere Nachbarn bedauern, daß der Strandhüttenvermieter nicht darauf geachtet hat, ihr Ruhebedürfnis zu respektieren, er wird es nicht so genau wissen, wir wollen keinen Streit anfangen. Mit ihrem Apfelfrühstück, den Rauchpausen, dem Umkleiden in der Hütte - wobei immer einer rücksichtsvoll den andern allein läßt und, den beunruhigten Pudel an knapper Leine zurückreißend, vor der versperrten Tür wartet - mit ihren kurzen, aber gründlichen, von Gymnastikübungen umrahmten Bädern bei Hochflut, den Pudelspaziergängen mit Apportieren und fröhlichen, aber ernsthaften Erziehungsexerzitien und sparsamem Wortwechsel untereinander, erwecken unsere Nachbarn in mir den Wunsch, wir beide, Reinhard, könnten es eines Tages genau so angenehm haben -

Ich bringe die Zeit durcheinander, entschuldige. Es ist so heiß, die Sommer sind sich so ähnlich, man kann leicht eine Schaumkrone für ein Segel halten oder Jahre und Leute miteinander verwechseln.

Aufregungen im Leben unserer Nachbarn liegen so weit zurück, daß sie nicht mehr genau stimmen, wenn man sich ihrer erinnert, aber das unterbleibt. Vor Jahren hat der Mann ein Kind überfahren, es war jedoch nicht seine Schuld, sondern die des Kindes. Die Frau, obwohl sie das so gut wie jedermann wußte, nahm dem Mann die Selbstsicherheit übel, mit der er über den Fall redete. Als käme es darauf an, wer die Schuld hat, fand sie, sie sagte es ihm auch. Weniger nett von ihr, denn sie hätte spüren müssen, daß der Mann unter dem Unfall litt wie sie, schuldig oder nicht.

Jetzt vergessen. Während der Mittagsstunden ist es besonders ruhig am Strand. Oft nehmen unsere Nachbarn sich Lunchpakete mit in die Strandhütte, bei schönem Wetter; die Lunchpakete des „Juliana" sind so großzügig gepackt, daß der Pudel kein eigenes Fressen braucht. Die vier Wochen am Meer, von jeher eine feste Gewohnheit unserer Nachbarn, waren in dem Jahr nach dem Unfall natürlich keineswegs geruhsam, obwohl nicht mehr darüber geredet wurde; beide erholten sich nicht nennenswert. Sie besaßen auch noch keinen Pudel damals, überhaupt keinen Hund als Ersatz für ihre kleine, vom Vater überfahrene Tochter, darauf kamen sie erst ein Jahr später, es hat aber auch dann noch nicht richtig geholfen, die Traurigkeit war doch größer. Im Jahr nach dem Unfall hatte der Mann immer noch nicht von seiner Marotte genug, der Frau Vorwürfe zu machen. Schön und gut, ich habe sie überfahren, aber du hast mit ihr das blödsinnige Privatfest gefeiert und ihr so viel Wein zu trinken gegeben - die Frau hörte nicht mehr zu. War es anständig, Monate, nachdem sie den Alkohol aufgegeben hatte, dies Thema überhaupt zu berühren? Die Frau fand jahrelang die Auseinandersetzungen mit ihrem Mann schlimmer als den Verlust des Kindes, sie haßten sich, wünschten einer des andern Tod - nicht der Rede wert. Jetzt, am Strand, wird keinem Anlaß für Zorn mehr nachgesonnen. Alles ist verjährt, scheint es nicht so? Zwei Hütten weiter rechts sieht ein Mädchen der Geliebten des Mannes ähnlich; sehr viele Jahre her, man zählt nicht nach. Diese Geliebte wäre jetzt älter und dem Mädchen gar nicht mehr ähnlich. Sie lebt nicht mehr, ihr Selbstmord war der Frau recht: das genügt nicht, um von Schuld zu sprechen.

Der Pudel ist so lebhaft. Nett zu beobachten. Man selber liegt still. Kein Wort mehr. Zu reden, das hieße: auch über Gilbert zu reden. Nach dem von mir verschuldeten tödlichen Unfall unseres Kindes, Reinhard, war es doch verständlich, daß ich mit Gilbert wegging. Vorbei. Ich weiß, daß die noch jungen Leute nebenan uns beneiden. Nette ruhige Leute, werden sie denken, vorwiegend angenehme Erinnerungen. Was für friedliche Nachbarn, sie sind gut dran. Ja, so wird es von uns heißen. Ich höre manchmal Streit von nebenan, du auch, Reinhard? Es erinnert uns an früher. Es erinnert uns an meinen Sohn von Gilbert, an deine Konsequenz, das Kind nicht in unserm Haus zu dulden. Es erinnert uns an das gebrochene Versprechen, meinen Vater bei uns aufzunehmen, aber meine Mutter, sterbend, wußte ja schon nicht mehr, was sie verlangte, und übrigens starb mein Vater knapp drei Monate später in einem sehr ordentlichen Altersheim.

Seit wir nur noch wenig miteinander reden, Reinhard, erholen wir uns von Sommer zu Sommer besser. Unsere Ernährung ist reich an Vitalstoffen. Promenaden bei Vollmond aber lassen wir besser weg. Besser, wir halten uns an das Normale. Der Pudel amüsiert uns, ein spaßiger Kerl. Das Meer ist fast schön. Viel Obst, viel Übereinstimmung, viel Ruhe.

Wohmann (1968), 42-47

Gabriele Wohmann

G.Wohmann wurde 1932 in Darmstadt geboren. Sie studierte Literatur und arbeitete als Lehrerin in einem Internat auf einer Nordseeinsel. G. Wohmann lebt heute als freie Schriftstellerin in Darmstadt. Sie ist Mitglied der Gruppe 47 und des PEN-Zentrums der Bundesrepublik Deutschland.

Sie veröffentlichte zahlreiche Romane, Erzählungen und Gedichtbände:
- *Mit einem Messer,* 1958
- *Ländliches Fest,* 1968
- *Sonntags bei den Kreisands,* 1970
- *Wir sind eine Familie,* 1981
- *So ist die Lage,* 1974

BARBARA FRISCHMUTH

Am hellen Tag

Sie war Greta. Greta G. Warum nicht Greta G.? Was war so außergewöhnlich daran, Greta G. zu heißen? Sie war Greta G., aber es gab mehrere Greta G.s. Niemand konnte seinen Vornamen für sich allein haben, den Nachnamen schon gar nicht. Es gab kein Gesetz, das die Einmaligkeit von Namen schützte. Und welche Buchstabenkombination auch immer man sich ausdachte, es war mehr als wahrscheinlich, daß sie schon bestand, daß man bloß nicht davon wußte, in einer anderen Sprache vielleicht. Die Enttäuschung, als sie Issa im Japanischen als Dichternamen wiederfand. Es blieb bei Greta. Greta G. Ein Nachname war so gut wie der andere. Wer einen damit anredete, setzte eine Bezeichnung hinzu, um klarzumachen, daß er zumindest soviel von einem wußte: Familienzugehörigkeit, Stand, Geschlecht.

Lange hatte sie sich einen Namen gewünscht, der nur sie anging, der sie besagte. Murmel zum Beispiel, der auf eine Glaskugel, ein Tier und eine bestimmte Art von Geräusch hindeutete. Aber niemand war je auf die Idee gekommen, sie Murmel zu heißen.

Sie war Greta G., mußte Greta G. bleiben. Eine gewisse Greta G., die dasaß, anstatt zu arbeiten, die Beine hochgelagert, eine Zeitschrift auf den Knien, rauchend. Sie haßte den Geruch des Messingaschenbechers, wenn sie die Zigarette darin abtötete. Sie mochte Aschenbecher aus Messing nicht, aber da war kein anderer. Auch stanken sie noch lange nach, wenn sie bereits gesäubert waren.

Greta G., stand in der Zeitschrift, jene einmalige Greta G. Sie überblätterte sie. Auch wenn da Greta G. stand, hieß das noch lange nicht, daß sie es war. Solche Namen bedeuteten so gut wie nichts. Manche existierten nur als Bildunterschrift, waren Hinweis auf austauschbare Gesichtszüge, begünstigten auf unverschämte Weise den, der am häufigsten mit ihnen genannt wurde.

Aus einem lang zurückliegenden Anlaß war sie Greta G., hatte Greta G. zu sein. Eine der vielen möglichen Greta G.s, die sie gar nicht alle kannte. Von sich wußte sie, daß sie Greta G. war, auch als Greta G. galt. Zum Glück kam es selten vor, daß jemand, der ihr begegnete, sie mit einer anderen Greta G. verwechselte. Allein, ihr genügte schon die Möglichkeit.

Sie stülpte die leere Teetasse über den Aschenbecher. Es war hell draußen, sonnig, klar, mit einem leichten Windhauch, der die Blätter zum Beben brachte. Sie saß im Wohnzimmer, ebenerdig, bei geschlossenen Fensterläden, das Licht kam von der Tür. Sie hatte sich selbst beurlaubt, für kurze Zeit, länger als eine Teepause, sie brauchte die Entspannung. Das Haus war leer, menschenleer, doch stand vieles herum, was Staub fing. Gefallen ja, es gefiel ihr schon, machte aber Arbeit. Das eine oder andere hätte sie auch gekauft; so viele Möbel waren es gar nicht, aber die Bücher und die Bilder.

Niemand zwang sie, niemand konnte sie zu etwas zwingen. Und irgendwann war dann ohnehin alles gemacht.

Die beiden Glastürflügel standen offen, und ihr Blick reichte bis zur Buchsbaumhecke. Sie wäre jetzt lieber im schattigen Teil des Gartens gesessen. Hinter der Hecke fiel das Grundstück ab, und da war ein Teich, das heißt, ein kleiner künstlich angelegter Tümpel mit einer alten Brunnenfigur, und darum herum wucherte und gedieh es in allen nur denkbaren Schattierungen von Silbrig bis Grün, gefiedert, gezackt oder in dicken, lappenförmigen Blättern, und dazwischen blühte es zart in weißen und gelben Tönen.

Der Garten, gewiß, das war ihr Geschmack. Am Ende des Grundstücks, gegen die Straße, nur mehr Büsche und Bäume, hinter dem Haus Holunder und Ribiselsträucher. An den Steintreppen entlang weiße und blaue Iris, Klematis rankend an den Kiefern, dazwischen Geißbart. So gut wie kein Rot. Sie empfand all die dicken Begonien und neuen Rosensorten in ihrer pflegeleichten Pracht als protzig, ja geradezu aufreizend, und mochte sie nur an alten Holzhäusern oder in Bauerngärten.

Der Wunsch kam sie an, sich im Garten zu schaffen zu machen, aber dazu war es jetzt wohl zu warm. Noch ein bißchen sitzen bleiben, so, mit hochgelagerten Beinen. Dann würde sie sich aufraffen und in die Küche gehen.

Im Grunde war es eine Gefälligkeit, was sie tat. Sie erwies gerne Gefälligkeiten, Greta G. war ein gefälliger Mensch. Es gefiel ihr, gefällig zu sein und damit anderen einen Gefallen zu tun. Es war ihr lieber als umgekehrt, daß sie jemanden hätte bitten müssen. Sie bat nie. Was sie bekam, stand ihr zu, und was sie nicht wie selbstverständlich bekam, darauf erhob sie keinen Anspruch. Wenn jemand ihre Gefälligkeiten nicht zu schätzen wußte, brauchte sie keine weiteren an ihn zu verschwenden. Sie ging, ohne irgendwelche Vorwürfe. Entweder jemand verstand, was er an ihr hatte, oder er verstand es nicht, mit Erklärungen war da nichts auszurichten, weder innerhalb noch außerhalb der Familie. Greta G. war gefällig, aber sie ließ sich nicht zwingen. Sie half gerne, wenn sie mit einem gewissen Entgegenkommen rechnen durfte, einem feinfühligen Entgegenkommen. Und sie mußte wohlgelitten sein. Sobald ihre Anwesenheit auch nur zur geringfügigsten Verstimmung Anlaß bot, verschwand sie. Sie begehrte nicht auf, sie pflegte zu beschämen.

Eine Zigarette würde sich noch ausgehen. Sie hielt in der Bewegung inne. Ein Schatten, kam ihr vor, war auf die Sandsteinplatten vor der Tür gefallen, als sei etwas über die Hecke gekommen. Ganz langsam zog sie die halbausgestreckte Hand wieder an ihren Körper, schloß die Augen, bis die Form des Schattens sich auf der Innenseite ihrer Lider von neuem abzeichnete und es sinnlos war, sie weiter geschlossen zu halten.

Es schien so unglaubwürdig, obgleich sie oft genug im Tiergarten gewesen war, um zu wissen, was da stand. Auch wenn es ihr jetzt größer vorkam, nicht nur gut genährt und in die Höhe geschossen, sondern in einem tatsächlichen Sinn ausgewachsen. Farblich kaum abgehoben von dem Sandsteinboden, über und unter den Augen ein kleiner weißer, vor den Augen ein schwarzbrauner Fleck, die Ohren dunkel gerandet, die Kehle weiß, der Kopf eher grau und am Rücken der Strich aus schwarzen Grannenhaaren.

Der Puma duckte sich, wobei sein Bauch tief nach unten hing, als setze er zum Sprung an, legte sich aber stattdessen. Sein Blick fiel auf sie. Sie glaubte ein kurzes Fauchen zu hören, zu sehen, wie er die Ohren anlegte und die Lefzen kurz nach oben zog, dann aber schien seine Miene zu erstarren. Es waren nicht mehr als zehn Schritte bis zu ihm, und die Sonne lockte das Rot hervor aus seinem Fell. Kälte stieg in ihr auf nach der Hitze, und sie sah ihre Hände auf der Zeitschrift liegen, flach hingestreckt, nicht einmal in Abwehr.

Eine Weile dachte sie nichts, blickte nur, sah und gab das Bild des Pumas durch die Pupillen zurück. Ihr Atem ging flach, bald würde sie, einmal wenigstens, tief Luft holen müssen, bevor sie langsam erstickte.

Dann schoß es ihr durch den Kopf. Unverantwortlich! In einem der Häuser mit Park mußte es Leute geben, die diese Tiere hielten, bis sie ihnen nicht mehr gewachsen waren und die Tiere entliefen. Davon hatte sie schon mehr als einmal gehört.

Das Tier lag regungslos, regungslos saß auch sie, beide im Bann ihres Schauens. Sie spürte, wie ihre Beine fühllos wurden und die Kälte ihr bis in die Haarwurzeln kroch. Sie saß in einem Käfig, dessen Tür geöffnet war, aber sie konnte nicht fliehen.

Sie war etwas kurzsichtig, dennoch glaubte sie zu erkennen, daß die Pupillen des Pumas rund waren und nicht spindelförmig. Ihre Lidränder brannten, aber sie konnte die Augen nicht schließen. Ihr war, als wüßte der Puma ihren Namen, den noch nie jemand ausgesprochen hatte. Er wußte ihn. Sie aber kannte den seinen nicht. Er würde immer im Vorteil bleiben. Wenn nicht jemand aus dem Hinterhalt über ihn kam.

Es hieß, daß Raubtiere dem Blick des Menschen nicht standhielten. Wo hatte sie das nur gelesen? Womöglich in einem dieser elenden Journale, in denen noch immer etwas über jene einmalige Greta G. stand.

Mit abrupter Bewegung biß der Puma sich ins Fell seiner Pfoten. Dankbar senkte sie so lange den Blick, wagte es, die Beine vom Stuhl zu nehmen, aber da ruhte sein Kopf schon wieder, und sie war voll in seinem Gesichtsfeld.

Da dachte sie an das Kind. Das Kind, das bald von der Schule heimkommen würde, ahnungslos. Es kannte den Trick mit der Gartentüre, wie sie von außen zu öffnen war, und wenn es ihm dennoch nicht gelang, kletterte es einfach drüber. Es war eine niedrige Gartentür für Besucher, nicht zum Schutz, mit einer Klingel für den Briefträger. Obwohl das der Hecke wegen nicht möglich war, sah sie nun das Kind, stellte es sich haarklein vor, wie es die Treppen heraufkam, die Schultasche von den Schultern zerrend, um dann durch die Hecke auf die Terrasse zu kommen, geradewegs auf den Puma zu, der sich bereits nach ihm umgedreht hatte und es ansprang, in die Enge getrieben, wie er sich vorkommen mußte, es ansprang und mit einem einzigen Nackenbiß...

Sie fuhr zusammen, ohne daß der Puma mehr tat, als den Kopf leicht zu heben. Es durfte nicht geschehen. Sie mußte verhindern, daß das Kind, ahnungslos, wie es ... War es nicht das Kind, hauptsächlich das Kind, dessentwegen sie all diese Gefälligkeiten erwies, dieses kleine, nichtsahnende Kind, dessentwegen sie hier saß, damit jemand da war, wenn es aus der Schule kam? Dieses ihr anvertraute Kind, das sie heimlich um Schokolade anbettelte und dem sie heimlich immer wieder welche gab, als seien sie beide durch eine umfassende Verschwörung aneinander gebunden.

Die Seiten der Zeitschrift hatten den Schweiß aus ihren Händen gesogen und wellten sich bereits. Es blieb ihr nichts anderes, als dem Puma entgegenzutreten. Vielleicht gelang es ihr, ihn zu verjagen, mit einer einzigen, ungeheuren Anstrengung. Ihn zu erschrecken und in die Flucht zu schlagen. Oder von ihm angefallen zu werden und mit einem einzigen Nackenbiß ...Es mußte sein. Sich opfern. Sich und ihr Leben hingeben.

Sie saß da, bewegungslos, noch immer gefangen. Nichts regte sich, nicht einmal ein Insekt vermochte abzulenken. Die mittägliche Windstille. Gleich, gleich mußte das Kind kommen. Sie wagte nicht auf die Wanduhr hinter sich zu sehen, ihre Armbanduhr hatte sie in der Küche abgelegt. Aber sie hatte ein Gefühl dafür, wie spät es war. Eine der Stärken von Greta G., immer zu wissen, wie spät es war.

Jetzt, dachte sie, und dann ging auch dieser Augenblick vorüber. Der Puma schob seinen Kopf immer weiter auf den Pfoten vor, ohne die Augen zuzumachen. Ganz faltig wurde seine Stirn in dieser Haltung, aber er gab nicht nach in der Anstrengung jenes Blicks. Er, der ihren Namen wußte. Jetzt! Vorsichtig befeuchtete sie die Lippen, indem sie die untere etwas vorschob und die obere einzog. Jetzt!

Sie erschrak so heftig, als es vom Garten her schellte, daß sie nicht sicher war, ob sie nicht etwa geschrieen hatte und das eigene Schrillen für die Gartenglocke hielt.

Der Puma war fort, hatte seinen Schatten mit über die Hecke genommen, und sie bildete sich ein, noch das mehrmalige Aufprallen seiner Tatzen zu hören.

Wer konnte geläutet haben? Sie sah auf die Uhr. Für das Kind war es ein wenig zu früh, und das Kind klingelte nicht. Vielleicht die Leute, denen das Tier gehörte. Die waren gut. Gingen von Haus zu Haus fragen, ob jemandem ein Puma zugelaufen war. Sie trat hinaus. Ihre Gelenke knackten leise, wie sie so bis zur Treppe ging, von wo aus sie freie Sicht auf die Gartentür hatte. Niemand. Da war niemand. Wer in aller Welt mochte geläutet haben? Oder hatte doch sie den Puma mit ihrem Schrei verjagt? Nicht immer griffen diese Tiere an.

Sie mußte es sofort der Polizei melden, verhindern, daß Schlimmeres geschah. Ein Tier in Panik, wer konnte wissen, was ...

Sie rannte ans Telefon. Bitte, rief sie, hier bei Neurat, Landhausstraße acht, soeben ...

Sie erzählte, so kurz sie sich fassen konnte, was geschehen war. Ein Puma? fragte der Beamte. Es klang, als kratze er an seinem Bart.

Ein kräftiges, ausgewachsenes Exemplar. So unternehmen Sie doch etwas!

Sind Sie die Haushälterin?

Sie richtete sich ein wenig auf. Ich bin Greta G. Ich helfe manchmal aus, sozusagen aus Gefälligkeit. Was ging es diesen Kerl an, daß sie mit Hanna Neurat verwandt war.

Diesmal ist es also ein Puma?

Was heißt diesmal? Sie spürte, wie Verzweiflung sie befiel.

Sie haben doch neulich schon einmal angerufen, wegen einer Sandviper, wenn ich mich recht erinnere, stimmt's?

Sie war nah am Schluchzen. Ja, sie hatte schon einmal angerufen.

Vielleicht war das wirklich eine andere Schlange gewesen, eine harmlosere. Gesehen hatte sie sie bestimmt, nur nicht von so nah. Und die Verantwortung für das Kind? Wer übernahm die denn, wenn es tatsächlich gebissen wurde? Aber was war eine noch so giftige Sandviper, der man aus dem Weg gehen konnte, gegen eine Raubkatze, diesen Puma?

Vielleicht, setzte sie noch einmal an, ist jemandem so ein Tier entlaufen. Das muß doch gemeldet werden. Sie konnte die Reserviertheit des Beamten nicht begreifen. Es gab niemanden, der ihr half.

Im Augenblick sind sämtliche Streifenwagen unterwegs, sagte der Beamte. Gehen Sie nicht aus dem Haus. Ich habe mir Ihre Adresse notiert.

Sie hängte ein. Einen Augenblick kämpfte sie mit dem Bedürfnis, sich hinzusetzen und zu weinen. Aber sie mußte das Kind warnen, ihm entgegengehen, damit es nicht ahnungslos...

Sie nahm die Handtasche über den Arm, und ihr Blick fiel auf den Parkettboden. Da war eine sandige Spur zu sehen, natürlich, die Tür ins Innere des Hauses stand offen. Sie glaubte ein Tappen zu hören, auf der ewig knarrenden Holztreppe. Sie griff sich ans Herz. Das Tier war demnach im Haus, war, während sie zur Gartentür geschaut hatte, zurückgekommen und hatte sich, auf der Suche nach Futter oder Schatten, eingeschlichen.

Sie stürzte durch die Flügeltür und zog sie von außen, so gut es ging, zu. Ein Tier kam wohl nicht gleich darauf, wie sie zu öffnen war. Und dann nichts als wie dem Kind entgegengehen, es daran hindern, daß ... Sie konnte sich jetzt nicht mehr um ihre Haare kümmern, die sie mit Nadeln zu Schlingen gesteckt hatte, damit sie dann besser fielen. Nicht einmal die Schürze hatte sie abgenommen. Nur die Handtasche, die hatte sie zum Glück bei sich.

Sie riß die Gartentür auf. Ein Blick zurück auf das Haus. Sie glaubte den Kopf des Pumas an die Gardinen im Schlafzimmer von Hanna und Jonas stoßen zu sehen. Wenn er nur nicht aus dem Fenster sprang.

Die Hausschuhe hinderten sie am schnellen Gehen, also streifte sie sie ab und lief barfuß den schmalen Gehsteig entlang. Sie konnte das Kind schon von weitem sehen, wie es gemächlich und an den Büschen zupfend, auf das Haus zutrottete. Sobald es in Rufweite kam, schrie sie mehrmals seinen Namen und schwenkte die Tasche. Das Kind verhielt ein wenig und wich dann, je näher sie ihm kam, Schritt für Schritt zurück. Sie rief, schwenkte und winkte, und dabei versuchte sie, sich eine Nadel um die andere aus dem Haar zu ziehen, so daß die einzelnen Strähnen flatterten.

Plötzlich fing das Kind zu laufen an, erst langsam, und als sie ihm noch immer näherkam, legte es zu und verschwand, gerade als sie es beinah eingeholt hatte, in einem Gartentor, dessen Klingel es heftig gedrückt hatte.

Sie blieb stehen. Es war das Haus von Dr. Lazar, einem Freund von Hanna und Jonas. Es hatte keinen Sinn, ihm dorthin nachzulaufen. Da war es in Sicherheit. Dr. Lazar hatte ebenfalls Kinder, mit denen es schon oft zusammen war. Als sie noch nicht ausgeholfen hatte, war das Kind häufig nach der Schule zu den Lazars gegangen. Das hatte es ihr jedenfalls erzählt. Erst jetzt merkte sie, daß sie keuchte. Unwillig warf sie die Haarnadeln fort und fuhr sich mit den Fingerspitzen durch die Strähnen. Mehrere Steine lagen auf dem Gehsteig, und sie versuchte, barfuß, wie sie war, ihnen auszuweichen.

Sie wollte sich beruhigen, sich zusammennehmen und ganz unbefangen am Kiosk eine Zeitung kaufen. Vielleicht würde etwas drinstehen von einem Puma, der entkommen war, und der dumme Bulle, sie kostete dieses Wort, das sie sonst nicht verwendete, in Gedanken aus, hatte nur noch keine Zeitung gelesen.

Dann würde sie zum Haus zurückschlendern und auf Hanna und Jonas warten, die gegen halb zwei für eine Stunde nach Hause kamen, und ihnen in aller Ruhe erklären, was geschehen war. Sie war sicher, daß man mit Hanna und Jonas vernünftig reden konnte. Noch dazu, wo das Kind in Sicherheit war. Ganz vernünftig würden sie miteinander reden. Vielleicht gelang es Jonas, irgendwo eine Waffe aufzutreiben.

Sie hatte die Hausschuhe wiedergefunden und lehnte sich gegen die niedrige Steinmauer, über der die Büsche und Bäume am Ende des Grundstückes aufragten. Sie war ganz ruhig, mit der noch ungelesenen Zeitung in der Handtasche, stützte sich mit den Armen auf und hielt ihr Gesicht in die Sonne, während sie wartete. Lange konnte es nicht mehr dauern, sie wußte immer ziemlich genau, wie spät es war. Ob diese einmalige Grete G. das auch gewußt hatte? Sie hieß zufällig Greta G., aber was war ihr wirklicher Name? Ihr eigener, der im Blick dieses Pumas beschlossen lag? Wie lautete er? Konnte man ihn überhaupt aussprechen? Sie legte den Kopf noch weiter zurück, bis ihr Haar sich in den Sträuchern verfing, die leicht daran zerrten. Da glaubte sie, hinter sich ein leises, wenn auch deutliches Knacken von Zweigen zu vernehmen, und der Ast über ihr begann sich sichtbar hin und her zu wiegen, mit einem Geräusch, als schärfe ein Tier sich die Krallen.

Frischmuth (1989), 80-90

Barbara Frischmuth

B. Frischmuth wurde 1941 in Österreich geboren. Sie studierte Türkisch, Ungarisch und Orientalistik. Sie lebt als freie Schriftstellerin und Übersetzerin in Wien. Zu ihren Romanen und Erzählungen gehören:

- *Die Klosterschule,* 1968
- *Die Mystifikationen der Sophie Silber,* 1976
- *Amy oder Die Metamorphose,* 1978
- *Kai und die Liebe zu den Modellen,* 1979
- *Die Frau im Mond,* 1982
- *Kopftänzer,* 1984
- *Herrin der Tiere,* 1986
- *Über die Verhältnisse,* 1987
- *Amoralische Kinderklapper,* 1969
- *Ida - und ob,* 1972

10 Lösungsschlüssel

1. Kapitel
Aufgabe 2

1. Eine Kritik an Erwachsenen, die so besserwisserisch, eindringlich und scheinbar überlegen mit Kindern sprechen.
2. Kritisch.

2. Kapitel
Aufgabe 4

wer?	worüber?	was?
der Autor (Vater?)	ein Mädchen, z. B. seine Tochter	Beschreibung des Äußeren: kurzer Rock, sehr langer Schal, Tennisschuhe...etc.

Aufgabe 5

1. Ihre Kleidung: der sehr kurze Rock, der überlange Schal, die Turnschuhe mit den Unterschriften der Freunde; daß sie „nichts auf die Meinung uralter Leute gibt".

4. Als der Text erschien, lebte R.Kunze in der ehemaligen DDR. Er bezieht sich wohl auf die DDR, aber es könnte sich auch um ein Mädchen in einem anderen europäischen Land handeln.
Es könnten die 60er, 70er Jahre sein. Das kann man nicht so genau sagen.

Aufgabe 6

1. Die Meinungen von deutschen Lesern gehen hier auseinander. Aber im allgemeinen wird die Haltung des Autors so interpretiert: wohlwollend, aber mit kritischem Abstand, etwas ironisch.

2. Er sagt nicht einfach, daß der Rock zu kurz ist, sondern er umschreibt die Kürze des Rockes: „denn schon ein einziges Wort wäre zu lang". Beim Schal verwendet er Vergleichsbilder wie „Doppelschleppe", „Niagara-Fall". Mit diesen Stilmitteln der Umschreibung, Verbildlichung und Übertreibung drückt er eine bestimmte Einstellung (Distanz, Kritik, Ironie) gegenüber dem Mädchen aus.
Ironie zeigt sich auch darin, daß er das Mädchen selbst zitiert „uralte Leute" und dann sagt, das seien alle Leute über dreißig.

Aufgabe 7

Andrea: 5
Kerstin: 7
Michael: 8
Monika: 2
Peter: 1
Bärbel: 4
Renate: 6
Sven: 3

Aufgabe 10

Punkt 1: a) Ein Erzähler spricht
b) über Momo.
c) Er beschreibt Momo, wo sie lebt, wie sie lebt, wie sie aussieht.
d) beschreibend, mit vielen umgangssprachlichen Formulierungen wie „beim besten Willen", vielen Adjektiven wie „pechschwarz", „wunderschön", mit indirekter Rede und einfachen Sätzen, mit vielen daß-Nebensätzen
e) Er mag Momo.
f) Identifikation und Sympathie mit Momo
g) ?

Punkt 4: Vermutlich Momo selbst.

Aufgabe 11

- knappe Zusammenfassung; z.B.:
Ein kleines Mädchen, namens Momo, wohnte in einer Ruine. Sie wirkte durch ihr Äußeres seltsam auf viele Menschen: schwarzer Lockenkopf, schwarze Augen und Füße, fast immer barfuß ...etc.
- durch Titelzuordnung; hier: Momo

1. Es geht um ein kleines Mädchen namens Momo.
   - Wer ist Momo?
   - Wo lebt Momo?
   - Wie alt ist Momo?
   - Wie sieht Momo aus?
   - Was trägt Momo?
   - Wie lebt Momo?

   - Wer ist Momo eigentlich?
   - Woher kommt Momo?
   - Warum lebt Momo in der Ruine?
   - Hat Momo keine Eltern?
   - Warum läuft Momo so herum: barfuß, kurzer Rock, unordentliche Jacke, wilder Lockenkopf ... etc.?

Aufgabe 12

Aufgabe 13

1. Wie reagieren die Leute auf Momo?
2. Wie sehen die Leute Momo?
3. Welcher Unterschied besteht zwischen Momo und den Leuten?

Aufgabe 14

1. Wie sieht der Erzähler Momo?
   Wie steht er zu Momo?
   Welche Haltung hat er gegenüber Momo?
2. wohlwollend, voller Sympathie und Wärme, herzlich, verständnisvoll, gütig, positiv
3. Alle Beschreibungen ihres Aussehens sind positiv, wie z.B. „Sie hatte einen wilden, pechschwarzen Lockenkopf", „Sie hatte zwei wunderschöne und ebenfalls pechschwarze Augen".
   Er beschreibt sie voll Humor, etwas clownhaft.

Aufgabe 15

a) - Wie finden Sie Momo?, bzw. Gefällt Ihnen Momo?
   - Wie finden Sie das Äußere von Momo?
   - Wie finden Sie die Haltung des Erzählers gegenüber Momo?
b) - Gefällt Ihnen der Text?
   - Interessiert Sie der Text?
   - Lesen Sie diesen Text gerne?

Aufgabe 16

3. Kapitel
Aufgabe 17

2. Die 1.Einheit endet nach „und vergaß ihn nie". Sie läßt sich wiederum in zwei kleinere Einheiten untergliedern bei „Als sie aber ...".
   Die 2. Einheit endet nach „... in ihrer unterirdischen Werkstatt".
   Die 3. Einheit gilt bis zum Schluß. Sie zerfällt wiederum in drei Untereinheiten an den Stellen „Als man ihn aber ..." und „Den anderen Tag ...".

4. Mögliche Titelzuordnungen könnten sein:
   1. Geplante Hochzeit eines Bergmanns und seiner Braut
      - Scheitern der Hochzeit
      - Tod des Bergmanns
   2. Weltbewegende Ereignisse
   3. Entdeckung des Bergmanns nach fünfzig Jahren
      - Wiedersehen der Brautleute
      - Beerdigung.

Das Thema wechselt an zwei Stellen:
a) „Unterdessen wurde die Stadt ..."
b) „Als aber die Bergleute in Falun ..."

Aufgabe 18

1. Schauplatz der ersten Einheit ist Falun.
   a) 1. Schauplatzwechsel: „Unterdessen wurde die Stadt Lissabon ..."
   b) 2. Schauplatzwechsel: „Als aber die Bergleute in Falun im Jahre 1809 ...?

2. Zwischen dem Abschied des Bergmanns und dem Wiedersehen liegen 50 Jahre. Hier findet innerhalb der Geschichte ein Zeitsprung statt. Zeitsprung heißt, daß

Aufgabe 19

das Leben der Braut in dieser Zeit nicht dargestellt, sondern eben übersprungen wird.

Aufgabe 20

1. In der 1. und 2. Einheit wird eine Geschichte erzählt, die das Schicksal Einzelner schildert. Dagegen werden im mittleren Teil allgemeine weltpolitische und historische Ereignisse dargestellt. Durch den historisch-politischen Einschub werden Ereignisse, die für das private Schicksal einfacher Leute eine große Bedeutung haben, verflochten mit Ereignissen von weltpolitischer Bedeutung. Beide Bereiche treten in eine wechselseitige Beziehung.

2. Der mittlere Teil hat noch eine erzähltechnische Funktion. Der Erzähler überbrückt hiermit den Zeitsprung von 50 Jahren. Die historischen Ereignisse bieten dem Leser Fixpunkte, an denen er den Verlauf dieser Zeit nachvollziehen kann, bis der Erzähler sich wieder dem Schauplatz der Geschichte von dem Bergmann und seiner Braut zuwendet.

Aufgabe 21

1. An der Stelle, wo der Bergmann sich auf Nimmerwiedersehen von der Braut verabschiedet. – Nach 50 Jahren, als der Leichnam gefunden wird.

3. Die Geschichte würde sich ändern. Sie würde direkt nach der Trennung der Brautleute fortgesetzt werden, obwohl so ein großer Zeitsprung von 50 Jahren dazwischenliegt. Und die Verklammerung von großen weltpolitischen Ereignissen und den Ereignissen im Leben einfacher Leute würde wegfallen und damit der Teil, der die Geschichte von dem Bergmann und seiner Braut in größere Zusammenhänge einordnet.

4. a) Die Parallele besteht im Ereignishaften: Es werden in beiden Bereichen wichtige Ereignisse angeführt.
   b) Ein Gegensatz besteht darin, daß wichtige Ereignisse einmal im weltpolitischen Bereich stattfinden und das andere Mal im privaten Leben kleiner Leute.
   c) Das Wiedersehen wird vorbereitet und gewichtet durch diese weltpolitische Dimension und die zeitliche Spannung, die dem Leser durch die Aufzählung der vielen historischen Ereignisse veranschaulicht wird.

5. Der mittlere Teil schafft einen Spannungsbogen, so daß der Zeitfluß veranschaulicht wird und die wichtigen Ereignisse im Schlußteil vorbereitet werden.
   Er hebt durch die zeitliche Dehnung des Erzählvorganges auch die Ereignisse am Ende hervor und baut eine Erwartungshaltung beim Leser auf.
   Zu der Frage „Worum geht es hier?" (Thematik):
   Mögliche Antworten wären:
   - die Liebe, der Tod, die Zeit, das Altern, Trennung, Treue, Spannung zwischen weltpolitischem und einfachem Leben;
   - den Leser zum Nachdenken bringen über diese Themen;
   - den Leser betroffen machen über das Schicksal dieses Brautpaares und die Treue dieser Frau.

Aufgabe 22

1. a) Tod des Bräutigams; Scheitern der Hochzeit
   b) Wiederentdecken des Leichnams
   c) Wiederbegegnung der gealterten Braut mit dem Bräutigam
2. Wichtig daran sind folgende Aspekte:
   a) die Umstände der Wiederbegegnung nach 50 Jahren
   b) die Gegenüberstellung von gealterter Braut und dem jungen Körper des Bräutigams – als wären die 50 Jahre nicht vergangen
   c) die zeitüberdauernde Liebe/Treue der Braut
   d) Beerdigung als Hochzeit und Wiedervereinigung

Aufgabe 24

1. Die Gattung der Kalendergeschichte.
   Die Art zu erzählen, vor allem die Konzentration auf das Ereignishafte ist traditionell. Ebenso sind die sprachlichen Ausdrucksmittel wie „sagte die schöne Braut mit holdem Lächeln" traditionell. Die Thematik ist historisch fern. Themen wie Liebe, Treue, Tod, Altern ... etc. sind zwar allgemeine Themen in der Literatur, aber die spezifische Gestaltung hier und die damit verbundenen Wertungen sind

geschichtlich gebunden. Dazu kommen auch die volkstümlichen und sozialen Momente, wie sie im Bereich des Alltäglichen und Naturhaften enthalten sind.

4. Kapitel
Aufgabe 31

- Wer sind die Toten?
- Ist eine der Toten die Krämerin?
- Wer ist der andere Tote?
- Wenn sie eine der Toten ist, hat sie von ihrem Tod gewußt?
- Warum hat sie dann den Bassompierre dorthin bestellt?

Aufgabe 32

1. Eine Krämerin nähert sich dem Marschall von Bassompierre; die erste Verabredung
2. Donnerstag abend: das 1.Treffen im Haus einer Kupplerin
3. Freitag früh: Trennung und 2. Verabredung für Sonntag abend
4. Sonntag abend: unerwartetes Ende im Haus der Tante.

Aufgabe 33

1. Bassompierre gehört zum Adel, während die Krämerin zu einer unteren sozialen Schicht gehört.
   - Hinweise darauf: „Marschall", Diener, Pferd, Damenbriefe, „Krämerin", Ort des ersten Treffens, Unterrock aus grünwollenem Zeug, Pantoffeln
2. - das Treffen im Haus einer Kupplerin
   - die Vermittlung durch den Diener
   - Vorbereitung des Treffens durch den Diener.

Aufgabe 34

1. Ein flüchtiges Abenteuer
2. Ist nicht ganz eindeutig: Zumindest wird er zum Nachdenken gebracht. Am Ende sucht er die Frau, weil er mehr von ihr wissen möchte. Dieses Interesse geht vielleicht über ein „reines Abenteuer" hinaus.
   Textbelege zu 1: Er hat öfter Damenbekanntschaften, wie die Briefe zeigen. Und die haben alle den Stellenwert eines flüchtigen Abenteuers. Dann der Ort des Treffens.
3. Diese Frage läßt sich nicht eindeutig beantworten. Wir können nur Vermutungen anstellen.
4. Daß es nicht nur eine Art „Abenteuer" ist wie für Bassompierre, darauf verweist folgendes:
   - die Weigerung, sich noch einmal im Haus einer Kupplerin zu treffen
   - die Aussage „Aber was täte man nicht für eine Person, die man liebt, und für einen Bassompierre?"

a) Dieser Ort erniedrigt sie und ihr Verhältnis. Da sie sich für ehrbar hält und das Verhältnis höher einstuft, möchte sie auch einen angemesseneren Rahmen für ihr Treffen.
b) Auch hier gibt es keine eindeutige Antwort. Auf jeden Fall aber drückt dieses „eine" bestimmte Konnotationen aus wie Wertschätzung, Achtung, den Wunsch, das Besondere dieser Person herauszustellen.

Aufgabe 39

1. Aus der Ich-Perspektive: Der Erzähler ist zugleich eine Hauptfigur in der erzählten Welt.
2. In „Momo" wird aus der Perspektive eines Er-Erzählers erzählt. Der Erzähler tritt jedoch nicht als eine handelnde Figur in der erzählten Welt auf, sondern er steht außerhalb der erzählten Welt.
3. Der Leser weiß und erfährt nicht mehr als der Ich-Erzähler. Nach vorne wird dadurch Spannung erzeugt und werden Erwartungen aufgebaut, die am Ende zerstört werden. Die Frau und einzelne Geschehnisse bleiben für den Leser so rätselhaft wie für den Bassompierre.

Aufgabe 40

Der Text zielt darauf, dem Leser das Rätselhafte zu vermitteln, das also, was sich dem Verstehbaren und dem Erklärbaren entzieht. Dadurch entsteht eine Spannung zu der zeitlich-kausalen Kette von Ereignissen, die vordergründig verständlich und in sich geschlossen ist. Es wird von einem Erlebnis erzählt, das sich nicht kausal deuten und erklären läßt. Das Rätselhafte verweist darauf, daß die Wirklichkeit nicht immer verständlich und kausal erklärbar ist.

Was die Funktion des Erzählens dieser Geschichte angeht, so muß man den Kontext der „Unterhaltungen deutscher Ausgewanderten" mit einbeziehen und prüfen, warum und unter welchen Umständen dort Geschichten erzählt werden.

4. Das Erzählen von Geschichten hat im allgemeinen die gesellschaftliche Funktion, Erfahrungen zu tradieren, und eine ästhetische Funktion, nämlich zu unterhalten.

Aufgabe 49

Faktenfragen:

1. Was ist die Ausgangssituation: Wer? Wo? Wann? Was?
2. Wann und wo treffen sich der Bassompierre und die Krämerin?
3. Was geschieht am nächsten Morgen?
4. Was möchte die Krämerin?
5. Was verabreden die beiden?
6. Welche Bedingungen stellt die Krämerin?
7. Wie verbringt Bassompierre die Zeit bis zum Sonntag abend?
8. Was geschieht Sonntag nacht?
9. In welchem Zustand befindet sich Bassompierre?
10. Wen oder was findet Bassompierre in dem Zimmer vor?
11. Wie reagiert er darauf?

Interpretationsfragen:

1. Warum nähern sich die beiden Figuren einander? Was ist ihr Interesse?
2. Welche Rolle spielt der Diener?
3. Was bedeuten die Signale auf die Pest?
4. Welcher gesellschaftlichen Schicht gehören die beiden Figuren an?
5. In welchem Verhältnis stehen die beiden zueinander?
6. Wie wird ihr Verhältnis durch die äußeren Umstände (Ort, Zeitpunkt) charakterisiert?
7. Warum möchte die Krämerin sich nicht noch einmal an diesem Ort mit Bassompierre treffen?
8. Warum nennt sie ihn „einen Bassompierre"?
   Des weiteren alle Fragen, die wir bereits diskutiert haben und die insbesondere von der Schlußszene ausgehen und sich rückwirkend auf die Motive der Krämerin beziehen.

5. Kapitel
Aufgabe 52

1. Gleich ist der sogenannte „Plot", d.h. der Geschichtenkern, die Handlung.
   Gleich sind folgende Inhaltselemente:
   a) Wachsen der Hecke
   b) Königssöhne, die durch die Hecke ins Schloß dringen möchten und in der Hecke hängenbleiben
   c) ein Königssohn, der ins Schloß dringt
   d) Betreten des Schlosses, Hochlaufen zur Kammer, Finden von Dornröschen.

2. Anders sind:
   a) die Konzeptualisierung dieser Inhaltselemente, d.h., daß Inhalte an andere Begriffe gebunden sind und in anderen begrifflichen Zusammenhängen stehen (=eine andere Bedeutung haben), z.B. die „Mutigen" und die „Königssöhne"
   b) die Themenschwerpunkte
   c) die Bilder
   d) das Ende
   e) die gesamte Darstellungsperspektive
   f) die sprachlichen Ausdrucksmittel.

2. *Gebrüder Grimm:* einfacher, linearer Satzbau; die Geschehnisse werden in ihrer natürlichen Abfolge beschrieben; einfache Wörter, alles bleibt konkret.
   Kunert-Text: gehobenere Sprache, Fremdwörter, viele beschreibende Adjektive wie „weglos", „labyrinthisch"; aufzählend, dicht in der Vermittlung von Informationen, rhythmisierend.

3. *Grimm:* das Umwachsen des Schlosses
   Kunert: das Wachsen der Hecke

4. *Grimm:* das Schloß
   Kunert: die Hecke

5. Ausführliche Beschreibung der Hecke. Sie erhält Eigenschaften des Labyrinthischen, Undurchdringlichen, des Dschungelhaften, des In-Sich-Geschlossenen.

6. a) Sie hat die Funktion des Hindernisses.
   b) Ja. Sie hat zwar auch die Funktion des Hindernisses, aber darüber hinaus erhält sie noch Eigenschaften, die nicht typisch sind für das Märchen. Die Hecke wird fast zu einer „Eigenwelt" aufgebaut.

Aufgabe 54

1. Sprachliche Ausdrucksmittel:
   a) die „Mutigen" im Unterschied zu „Königssöhne"
   b) Markierte Wortstellung: „die sie zu bewältigen ...", d.h., thematisch wird an „Hecke" wieder angeknüpft.
   c) Veranschaulichung des „Hängenbleibens in der Hecke" durch „von Dornen erspießt", „verfangen, gefangen ...", „von giftigem Ungeziefer befallen". Dagegen bei Grimm: einfache Syntax, Festhalten an reinen Tatbeständen: „blieben darin hängen, konnten sich nicht wieder losmachen", Personifizierung der Dornen: „die Dornen, als hätten sie Hände ...".

3. Das Handlungsziel der „Mutigen" ist die Bewältigung/Überwindung der Hecke, das der „Königssöhne": ins Schloß zu gelangen.

4. Die „Mutigen" werden aus der funktionalen Einbindung innerhalb des Handlungsgeschehens herausgelöst und mit „Eigenleben" ausgestattet: „Zweifel", „Begehren". Es handelt sich dabei um psychologische Kategorien, die nicht typisch sind für Märchenfiguren.
   Die „Königssöhne" sind dagegen reine Handlungsträger/Funktionsträger in einem Handlungsgeschehen.

5. Vom Text her gesehen wirkt der Kunert-Text vielschichtig, hintergründig und mehrdimensional, der Grimm-Text dagegen bleibt linear, flächig, eindimensional.

Aufgabe 55

1. Dieses negative Ende hat zumindest den Effekt, daß die Illusion des Märchens zerstört wird. Von hier aus stellt sich die weitere Frage: Warum diese Desillusionierung? Doch bevor wir zu dieser Frage kommen, wollen wir noch einige Schritte dazwischenschalten.

2. Auffällig ist die Häufung von beschreibenden Adjektiven (zahnlos, eingesunken, blau, wurmig, schmutzig, fleckig ... etc.), die alle negative Eigenschaften der äußeren Erscheinung von Dornröschen hervorheben. Sie wird in ihrer Häßlichkeit ausgemalt/veranschaulicht.

Aufgabe 56

1. - Linearer Handlungsablauf, Zeitlosigkeit, polare Wertordnung wie gut–böse, schön–häßlich, räumlich nicht fixiert.
   - Es gibt positive Hauptfiguren wie Prinzen und Königstöchter, und es gibt negative Gegenspieler wie böse Feen, Hexen, die auch äußerlich immer häßlich sind.
   - Die Figuren sind allein durch ihre Funktion als Handlungsträger in einem Handlungsgeschehen definiert.
   - Das Ende ist positiv.
   - Es hat eine einfache Sprache.

2. - Die Figuren werden mit Eigenleben/Innenleben ausgestattet.
   - Die Zeitlosigkeit wird aufgehoben.
   - Das Ende ist negativ.

Aufgabe 57

- Der Held (hier: der Königssohn) scheitert.
- Die polare Wertordnung wird umgebildet:
  Das Dornröschen ist häßlich, der Held scheitert...etc.
- Effekt für den Leser: Zerstörung der Märchenillusion, Desillusionierung.

Aufgabe 58

Zunächst nur eine Desillusionierung und eine Verfremdung des alten Dornröschen-Märchens.

Aufgabe 59

1. Veränderung von festgefahrenen Sehgewohnheiten, um dadurch neue Inhalte zu vermitteln.

2. Die Illusion ist gemessen an Realitäten vielleicht nicht mehr haltbar. Lenkt damit auch auf diesen Kontrast von Illusion–Realität.

3. Eine Distanz zum alten Dornröschen-Märchen; veranlaßt uns, über die Märchenillusion nachzudenken und über unsere eigenen Rezeptionsgewohnheiten, aber auch über Realitäten, in denen andere Gesetze gelten.

Aufgabe 60

1. Dieser Schlußsatz ist vielschichtig und läßt mehrfache Interpretations- und Fragestellungen zu. Insofern kann ich Ihnen auch nur ein Angebot machen, welche Richtungsverläufe von diesem Schlußsatz ausgehen könnten:

2. Kunert preist diejenigen, die im Glauben an eine beständige Zeit in der Hecke starben.

3. Auf der Geschehnisebene wird das Sterben der „Gescheiterten" thematisiert; auf der abstrakten Ebene wird die Zeitlosigkeit der Märchengattung thematisiert.

4. Die Zeitlosigkeit des alten Märchens tritt durch Kunerts Lobpreisung in ein Spannungsverhältnis zu der Schlußszene, wo Dornröschen in der Zeit verfallen ist. Damit wird der Illusionsbruch, den Kunert selbst herbeiführt, der Illusion negativ gegenübergestellt. Sowohl die Desillusionierung am Ende wie das Festhalten an der Illusion treten in eine neue Perspektive. Konkret: die „Gescheiterten" wie der „Sieger" und das, was er vorfindet, lassen sich von hier aus neu betrachten.

6. Kapitel
Aufgabe 63

a) b) c) d) Eine Frau sitzt/liegt in einem Strandkorb und beobachtet ihre Nachbarn mit ihrem Pudel. Sie führt eine Art Selbstgespräch bzw. ein inneres Gespräch mit ihrem Mann, Reinhard, über ihre Nachbarn und sich selbst. Dabei gehen viele Rückerinnerungen durch ihren Kopf.

Aufgabe 64

Bis zum vorletzten Absatz ist der Gesprächsgegenstand: die Nachbarn, deren Pudel, deren Urlaubsleben und deren Vergangenheit.
Mit dem vorletzten Absatz wechselt das Thema zu der Sprecherin und ihrer Ehegeschichte: „Der Pudel ist so lebhaft.".

Aufgabe 65

2. Die Ereignisse in der Vergangenheit werden nicht klar und eindeutig und im zeitlichen Fortlauf geschildert. Vielmehr springt die Frau in ihren Gedankengängen und fügt immer nur an einzelnen Stellen die Hinweise auf vergangene Geschehnisse ein.
   Weitere Gründe werden noch im folgenden Lehrtext entwickelt.
3. Sachverhalte.
   - Der Mann hat ein Kind schuldlos überfahren.
   - Die Frau macht ihm Vorwürfe wegen seines Verhaltens danach.
   - Dieses Kind war deren beider Tochter.
   - Drei Jahre nach dem Tode der Tochter schaffen sie sich einen Pudel als Ersatz an.
   - Der Mann machte nach dem Unfall der Frau Vorwürfe, daß sie der Tochter zuviel Wein gegeben hätte. Offenbar hatte die Frau einmal getrunken.
   - Über Jahre gibt es Streit und Haß zwischen ihnen.
   - Der Mann hatte eine Geliebte. Diese hat Selbstmord verübt.

1. - Die Frau, die Sprecherin, hat den tödlichen Unfall ihres Kindes verursacht.
   - Sie hatte einen Geliebten namens Gilbert, mit dem sie davongegangen war.
   - Sie hat einen Sohn von Gilbert.
   - Ihr Mann duldete ihn nicht in ihrem Haus.
   - Sie haben den Vater der Frau trotz ihres Versprechens, das sie der Mutter gaben, nicht nach dem Tode der Mutter in ihr Haus genommen.

3. a) Warum war es selbstverständlich, daß die Frau nach dem Unfalltode ihres Kindes mit Gilbert, ihrem Geliebten, fortging?
   b) Warum hatte sie einen Geliebten?
   c) Spielte dafür auch die Tatsache, daß sie den Tod ihres Kindes verschuldet hat, eine Rolle?
   d) Was ist aus dem Sohn von ihr und Gilbert geworden? Was ist aus Gilbert geworden?
   e) Warum ist die Frau nicht mit Gilbert fortgegangen, sondern bei Reinhard geblieben?
   f) Ist es verständlich, daß Reinhard, ihr Ehemann, diesen Sohn nicht ins Haus aufnehmen wollte?
   g) Wie reagierte sie darauf, daß ihr Sohn von Gilbert nicht bei ihnen aufwachsen darf?
   h) Wie mag ihr Mann auf all diese Geschehnisse reagiert haben?
   i) Was haben der Unfalltod des Kindes und der Ehebruch der Frau wiederum mit dem gebrochenen Versprechen, den Vater ins Haus zu holen, zu tun?

Die Frau und der Mann haben jedenfalls bei einem Unfall ihr Kind verloren. Beide Male ist einer der Ehepartner schuld daran.
Beide haben einen Geliebten bzw. eine Geliebte. Beide streiten sich über Jahre. Beide Ehepaare fahren offenbar seit Jahren an denselben Strand und wohnen im selben Hotel.

1. Sie machen seit Jahren Ferien hier. Wohnen im „Juliana". Sie waren im Leuchtturm, machten Teepausen, waren auf dem Folklorefest, waren Einkaufen, Essen. Sie mieten eine Strandhütte auf der Nordseite, reden über den Pudel, das Wetter, das Baden, Badeanzüge. Sie leben in Frieden, reden stundenlang kein Wort miteinander...etc.
2. Die beschriebenen Abläufe signalisieren einen festgelegten, engen, gewohnheitsmäßigen Rhythmus, eine gewisse Starre – als ob sich die Eheleute an solchen geregelten Abläufen festhalten würden.
3. Diese Stilmittel haben eine negative Konnotation. Es wird eine Distanz der Frau zu den Nachbarn damit ausgedrückt.
4. Der Pudel hat einen symbolischen Stellenwert. Dabei muß man einen bestimmten gesellschaftlichen Kontext miteinbeziehen: Der „Pudel" ist in unserer Gesellschaft zum Inbegriff für ein kleinbürgerliches und etwas verkitschtes Verhalten geworden. Oft tragen Pudel Schleifen und werden „niedlich" geschoren und verzärtelt. Diese Konnotationen fließen hier ein und signalisieren sowohl die Ersatzfunktion, die der Pudel hat, als auch das Kleinbürgerliche im Verhalten.
5. Die Nachbarn werden als kleinbürgerlich und spießig charakterisiert. „Kleinbürgerlich" bezeichnet nicht nur eine bestimmte soziale Schicht, sondern vor allem bestimmte Verhaltensweisen: das Geregelte, das Festgefahrene, das Unbewegliche, das Enge und Starre.
6. Die Frau betrachtet ihre Nachbarn mit Distanz, entblößt sie in ihrer Kleinbürgerlichkeit und Enge. Zugleich parallelisiert sie sich und ihren Mann und ihre Nachbarn.

1. In den ersten Jahren nach dem Unfalltode haben sie sich sehr gestritten und gegenseitig viele Vorwürfe gemacht, aber nun nach 15 Jahren leben sie in Frieden.
2. Das Ruhige und Friedliche ist – wie ich meine – nur die Oberfläche, eine Art Übereinkunft, um das gemeinsame Leben weiterzuführen. Aber im Kern ist es eine

problematische Ehebeziehung. Somit herrscht keine wirkliche innere Ruhe, sondern die äußere Ruhe ist mehr ein Ausweichen vor Problemen, ein Zudecken von Vergangenem.

Textbelege dazu: Der Ferienalltag mit seinen festgelegten Abläufen verweist darauf, daß sie eine Vereinbarung getroffen haben und sich nun am äußeren Tagesrhythmus und festen Spielregeln orientieren.

Aufgabe 70

1. Das Eheverhältnis ist nicht gut, sondern sehr problematisch. Auch sie reden kaum noch miteinander und vor allem nicht über sich und ihre Probleme.

2. Offenbar eine wachsende Entfremdung, ein immer größer werdendes Schweigen und ein Nicht-mehr-miteinander-Reden.

3. Distanziert. Sie sieht und reflektiert ihre problematische Ehesituation und ihr erstarrtes Eheleben, was die Nachbarn offenbar nicht tun. Insofern nimmt sie sich selbst gegenüber eine Außenperspektive ein. Sie spiegelt sich und ihre Ehe in den Nachbarn.

4. Sie überlegt, wie ein anderes Ehepaar am Strand sie sehen könnte und benutzt dabei dieselben sprachlichen Mittel, die sie zur Charakterisierung der Nachbarn verwendet hat, „nette ruhige Leute". Damit betrachtet sie sich aus der Perspektive der anderen Leute am Strand so, wie sie ihre Nachbarn sieht.

5. Ja, die wachsende Entfremdung vor dem Hintergrund der gemeinsamen Vergangenheit und die Gestaltung des Zusammenlebens durch geregelte, ruhige Alltags- und Ferienabläufe.

6. Ich glaube, sie ist nicht besonders glücklich und zufrieden.

7. Ja. Sie führen keine gute und glückliche Ehe, sondern eine problematische. Ihre Problematik liegt in ihrer Vergangenheit, die sie vielleicht nicht wirklich bewältigt und aufgearbeitet haben, sondern die totgeschwiegen wird.

8. Sie haben ihre Probleme nicht wirklich gelöst, sondern vielleicht eher zugedeckt durch einen geregelten und „gesunden" Lebensrhythmus und auch dadurch, daß sie nicht mehr über sich sprechen.

Aufgabe 71

Perspektivenwechsel im 6. Textabschnitt:
Die Frau schildert eine Dialogszene und gibt dann die Perspektive dieser Frau wieder: „War es anständig, Monate, nachdem sie den Alkohol aufgegeben hatte, dies Thema überhaupt zu berühren?"
Von der Innenperspektive der Nachbarsfrau wechselt die Sprecherin wieder zu ihrer Außenperspektive auf die Nachbarn zurück: „Die Frau fand jahrelang die Auseinandersetzungen mit ihrem Mann schlimmer als den Verlust des Kindes ...".

Aufgabe 75

a) durch eine kurze Zusammenfassung des Textinhaltes
b) durch die Wiedergabe des Textes, bei der im Unterschied zu einer Zusammenfassung mehr Einzelheiten wiedergegeben werden
c) durch gezielte Inhaltsfragen auf die Kernpunkte des Textes mit Hilfe der Fragewörter „wer", „wo", „wann", „was".

Aufgabe 76

a) die gegenwärtige Situation des Nachbarpaares
b) die Charakterisierung der Nachbarn und ihres Ehelebens
c) die Vergangenheit des Nachbarehepaares
d) die Vergangenheit der Frau und ihres Mannes
e) Parallelen/Unterschiede zwischen den Ehepaaren
f) die Perspektive der Frau auf die Nachbarn, d.h. ihre Einstellung, Bewertung...etc.
g) die Perspektive der Frau auf sich selbst und ihre Ehe, d.h. ihre gegenwärtige Beziehung zu ihrem Mann, ihre Problematik
h) die Gesamtsituation der Frau, d.h. ihre innere Lage, ihre Wünsche, Einstellungen, Ziele.

Zur Hypothese a):

- Es ist die Tatsache, daß die Frau gefangen und bewegungslos dasitzt und denkt, daß er gleich springt.
- Durch die Perspektive wird dem Leser suggeriert, daß der Puma wirklich existiert; denn als Leser erfahren wir nur die Wahrnehmungen und Gedanken der Frau, die offenbar glaubt, daß da ein Puma ist.
  Es wird der Anschein des Realen erzeugt, z.B. auch durch Hinweise, wie „die Leute suchen".

Zur Hypothese b):

- Andererseits kann ein Leser sich fragen, wo könnte in einem deutschsprachigen Land eine solche Situation (Frau – Puma) vorkommen?
- Der Hinweis, daß das Kind gleich kommen müßte, verweist auf eine bestimmte reale Situation, z.B. das Kind kommt aus der Schule.
- „Sie erschrak so heftig ..." und „... sie nicht sicher war, ob sie nicht selbst geschrien hatte ..." sind für manche Leser ein Signal, daß sie aus einem Traum oder aus einer Phantasie herausgerissen wird.
- „Hatte seinen Schatten mit über die Hecke genommen" erweckt den Eindruck – bei vielen Lesern –, als ob es sich um ein Trugbild handelt, daß durch die Klingel weggerissen wird.

Da gibt es viele mögliche Antworten – je nachdem, was Leser glauben, welche Probleme Menschen bisweilen haben, daß bestimmte Verschiebungen in ihrer Realitätswahrnehmung stattfinden.
Eine genauere Klärung ist allerdings nur möglich, wenn die gesamte Erzählung miteinbezogen wird.

1. Einmal aus der Innenperspektive der Figur und zum anderen aus der Außenperspektive eines Erzählers.
2. Sie liegt im Innern der Figur. „Es mußte sein. Sich opfern." sind unmittelbar ihre Gedanken. Daher auch werden solche unvollständigen Sätze benutzt.
3. Ja, und zwar schon in folgendem Satz: „Sie saß da ...". Hier wird die Figur und das, was sie gerade tut, von außen gesehen. Hierin zeigt sich eine Erzählperspektive, die also mal die Figur von innen heraus sprechen und denken läßt und mal die Figur von außen beschreibt.

Der Blickpunkt des Lesers verändert sich mit der Perspektive des Textes. Mal wird er ins Innere der Figur versetzt, z.B. „Sich opfern." und mal sieht er sie von außen „Sie rannte ans Telefon."

Durch die Innenperspektive im ersten Teil des Textes wird der Leser in die Situation der Frau hineinversetzt. Durch die Innensicht wird der Inhalt des Textes – nämlich die Verschiebung von Realität und Fiktion bei der Frau – dem Leser zugänglich gemacht.

11 Glossar

Ästhetik, die: die Wissenschaft von den Gesetzen der Kunst, besonders auch die Theorie des „Schönen"

Akkomodation, die: ein Vorgang, bei dem wir unsere vorhandenen Schemata neuen Inhalten anpassen. Der Begriff stammt von J. Piaget (1936), einem Schweizer Psychologen.

aktivieren: beleben, in Tätigkeit setzen

aktualisieren: aktuell (= zeitgemäß) machen, d.h., für die Gegenwart bedeutsam machen

Akzent, der: der Schwerpunkt

antizipieren: vorhersagen, voraussagen, was im folgenden eines Textes geschehen könnte

Applikation, die: wörtlich „Anwendung". Der Begriff stammt aus der juristischen Hermeneutik und bezeichnet dort die Anwendung des geschriebenen Gesetzes auf einen Fall. H.-G. Gadamer erweitert diesen Begriff und versteht darunter die Anwendung eines zeitlich fernen Textes auf die Gegenwart eines Lesers.

Aspekt, der: der Gesichtspunkt, den man gerade in Betracht zieht

Assimilation, die: Der Begriff stammt von J. Piaget (1936) und bezeichnet einen Vorgang, bei dem wir vorhandene Schemata an einen Gegenstand herantragen, um diesen zu erfassen.

Didaktik, die: die Lehre vom Unterricht einschließlich der Methodik der Lehrfächer

Fiktion, die: das Erdachte, das Erfundene. Zum Beispiel die Wirklichkeit in einem literarischen Text ist eine Fiktion, sie existiert nicht wirklich.

fiktiv: erdacht, erfunden

Funktion, die: der Zweck, der Stellenwert, den eine Sache innerhalb eines Zusammenhanges hat

Globalverstehen, das (Globalverständnis, das): das Verstehen bzw. Erfassen des übergeordneten Gedankens (des Themas) eines Textes

Hermeneutik, die: die Lehre vom Auslegen eines Textes bzw. die Lehre vom Verstehen; ein Begründer einer modernen Auslegungslehre ist F. D. E. Schleiermacher (18. Jh).

Heuristik, die: Weg/Verfahren, um zu einer Erkenntnis zu gelangen. Hier: das Entscheidungsverfahren, das aufgrund bestimmter Annahmen zu einer Deutung führt

Hypothese, die: die Annahme

identifizieren: einander gleichsetzen; sich in etwas anderem wiedererkennen

Illusion, die: die Täuschung, die Vorstellung; in der Literatur: die Täuschung, daß eine fingierte Wirklichkeit wirklich existiert

impliziter Leser, der: ein Begriff, den W. Iser in seinem gleichnamigen Buch (1972) eingeführt hat. Im Unterschied zum realen Leser wird darunter der Leser verstanden, der in einem Text selbst verschlüsselt ist: durch die Art, wie der Leser angesprochen und integriert wird, das Wissen, das bei einem Leser vorausgesetzt wird, um zu verstehen, die Aktivitäten, die von einem Leser gefordert werden, um Sinnzusammenhänge zu bilden, und durch alle Verfahrensweisen der Lenkung der Wahrnehmung des Lesers.

Inkohärenz, die: das Unzusammenhängende, das Lückenhafte. In der Literaturwissenschaft und Psychologie sind Inkohärenzen die Lücken in einem Text, die der Leser schließen muß, um zu verstehen.

inkohärent: unzusammenhängend, lückenhaft

innerer Monolog, der: die Wiedergabe von Gedanken, Assoziationen, Ahnungen einer Person in einem Roman oder einer Erzählung. Er kommt vor allem in der Moderne vor, z.B. bei A. Schnitzler „Leutnant Gustl" (1901) und A. Döblin „Berlin Alexanderplatz" (1929).

Integration, die: die Einbindung, die Einordnung in einen Zusammenhang

Intention, die: die Absicht. Zum Beispiel die Absicht, mit der etwas gesagt/erzählt/getan ...wird

Interpretation, die: die Deutung, die Auslegung von Texten. Sie ist vorwiegend in den Geisteswissenschaften eine Methode der Auslegung von Texten und der bewußten Reflexion auf Lese- und Deutungsvorgänge.

Intuition, die: das Gespür, das mehr gefühlsmäßige Erfassen eines Gegenstandes im Unterschied zum begrifflichen Denken

Kohärenz, die: das Zusammenhängende und Lückenlose. Sie spielt eine große Rolle in der Textlinguistik und in der Psychologie der Textverarbeitung (s. S.-P. Ballstaedt/H. Mandl, 1981). Nach deren Auffassung ist Kohärenz eine Bedingung des Verstehens.

kohärent: zusammenhängend, lückenlos

Kommunikation, die: der Austausch von Informationen

Kompetenz, die: die Fähigkeit. Darunter versteht man sowohl das Wissen, über das jemand verfügt, als auch das Können – nämlich Beherrschen bestimmter Fähigkeiten wie Lesen, Schreiben, Hören.

konkurrieren: wettstreiten; wettkämpfen

Konnotation, die: Nebenbedeutungen, Nebentöne eines sprachlichen Ausdrucks, wie z.B. Wertungen

konstitutiv: grundlegend, wesentlich

Kontext, der: die Umgebung. Der Zusammenhang, in den eine Sache einzuordnen ist, wie z.B. der gesellschaftliche, geschichtliche Zusammenhang eines Textes

Konvention, die: die Übereinkunft. Zum Beispiel bestimmte Spielregeln in einer Gesellschaft beruhen auf Konventionen: die Art, wie man sich grüßt, wie man jemanden anspricht u.a.m.

Konzept, das: hier: der Begriff, eine kognitive Einheit für eine Handlung wie „essen" z.B. oder einen Gegenstand wie „Stuhl"

Leseprotokoll, das: schriftlich festgehaltene Gedanken, Assoziationen, Gefühle, Erwartungen, die den Lesevorgang begleiten

Methode, die: der Weg zu etwas; das planmäßige Verfahren, um ein bestimmtes Ziel zu erreichen

Modalität, die: die Art und Weise; hier: die Art und Weise des Verstehens, wie z.B. emotional-intuitives Verstehen oder verstandesmäßiges Verstehen

Objektivität, die: die Allgemeingültigkeit einer Aussage

objektiv: sachlich

Perspektive, die: die Sichtweise; der Gesichtspunkt, von dem aus eine Sache betrachtet wird

Pointe, die: der springende Punkt einer Erzählung; das überraschende Ende

Potential, das: das Vermögen; die Möglichkeiten

projizieren: hineinlegen; ein psychologischer Vorgang, bei dem wir etwas von uns in einen anderen Menschen oder in einen Text hineinlegen

Rezeption, die: die Aufnahme und Verarbeitung eines Textes durch den Leser. Dabei werden die Vorgänge in einem Leser nicht bewußt reflektiert wie bei der Interpretation.

Rezeptionsästhetik, die: eine Kunstlehre, die davon ausgeht, daß der Sinn eines Textes nicht vorgegeben ist, sondern daß der Leser Sinn bildet. Hauptvertreter dieser Richtung sind H.-R. Jauß (1970) und W. Iser (1972).

Schema, das: wörtlich: die Gestalt; eine Wissenseinheit, eine Begriffsvorstellung, die wir auf Sachverhalte anwenden, wie z.B. „Auto fahren", „kaufen"... etc.

selektieren: auswählen

selektiv: auswählend

Strategie, die: ein beabsichtigtes, planmäßiges Vorgehen, um ein Ziel zu erreichen. In der Literatur ist z.B. Spannungserzeugung eine Strategie; es werden bestimmte Mittel verwendet, um Spannung bei einem Leser zu erzeugen.

Struktur, die: das Gefüge, der innere Aufbau, die Anordnung

Subjektivität, die: alles, was zum Subjekt gehört: seine Wahrnehmung, sein Verstehen, seine Gefühle, seine Persönlichkeit

subjektiv: voreingenommen, vom Subjekt und seiner Wahrnehmung abhängig

12 Quellenangaben

12.1 Literarische Primärtexte

BRÜDER GRIMM (1977): *Dornröschen*. In: *Kinder- und Hausmärchen*. München: Winkler, 281-284.

ENDE, Michael (1973): *Momo*. Stuttgart/Wien: K. Thienemanns Verlag, 9-10.

FRISCHMUTH, Barbara (1989): *Am hellen Tag*. In: *Mörderische Märchen und andere Erzählungen*. Salzburg/Wien: Residenz-Verlag, 80-90.

GOETHE, Johann Wolfgang von (1977): *Das Erlebnis des Marschalls von Bassompierre*. In: *Unterhaltungen deutscher Ausgewanderten. Bassompierres Geschichte von der schönen Krämerin*. Hamburger Ausgabe, Bd. 6, *Romane und Novellen I*. München: Verlag C.H. Beck, 162-164.

HEBEL, Johann Peter (1985): *Unverhofftes Wiedersehen*. In: *Erzählungen und Aufsätze des Rheinländischen Hausfreundes*. München / Wien: Hanser, 302-305.

KUNERT, Günter (1972): *Dornröschen*. In:*Tagträume in Berlin und andernorts, Kleine Prosa, Erzählungen, Aufsätze*. München / Wien: Hanser, 82.

KUNZE, Reiner (1976): *Fünfzehn*. In: *Die wunderbaren Jahre*. Frankfurt/Main: S. Fischer, 27-29.

MANZ, Hans (1974): *Verstehen*. In: *Worte kann man drehen. Ein Sprachbuch für Kinder*. Weinheim/ Basel: Beltz Verlag, Programm Beltz und Gelberg, 12.

WOHMANN, Gabriele (1968): *Verjährt*. In: *Ländliches Fest und andere Erzählungen*. Darmstadt/Neuwied: Luchterhand, 42-47.

12.2 Bildnachweis

Brüder Grimm: Deutsche Bundesbank.
Ende, Michael: Isolde Ohlbaum, München.
Frischmuth, Barbara: Renate von Mangoldt, Berlin.
Goethe, Johann Wolfgang von: Bayerische Staatsgemäldesammlung, München.
Hebel, Johann Wolfgang von: Universitätsbibliothek Basel.
Kunert, Günter: Isode Ohlbaum, München.
Kunze, Reiner: Christoph Schwarz, Würzburg.
Manz, Hans: Alexa Gelberg, Weinheim.
Wohmann, Gabriele: Isolde Ohlbaum, München.

Angaben zur Autorin

Swantje Ehlers hat in Berlin Literaturwissenschaft, Linguistik und Publizistik studiert und das Studium mit einer Promotion über Elias Canetti abgeschlossen. Sie hat an einem empirischen Projekt zur Erzähltextforschung mitgearbeitet. Von 1982 bis 1986 war sie als DAAD-Lektorin in Tokio tätig. Danach ist sie an die Gesamthochschule Kassel gegangen, wo sie das Fernstudienprojekt im Bereich Germanistik/ Deutsch als Fremdsprache leitete und Lehrveranstaltungen mit dem Schwerpunkt auf fremdsprachlichem Literaturverstehen durchführte. Seit November 1991 ist sie Referentin für Pädagogische Verbindungsarbeit am Goethe-Institut Moskau.

Das Fernstudienprojekt DIFF - GhK - GI

Nachdem Sie diese Studieneinheit durchgearbeitet haben, möchten Sie vielleicht Ihre Kenntnisse auf dem einen oder anderen Gebiet vertiefen, möchten mehr wissen, über konkrete Unterrichtsplanung, über die Schulung von Lesefertigkeiten, über Literatur, ihre Entwicklung und Hintergründe ...

Sie haben bereits Hinweise auf andere Fernstudieneinheiten gefunden und sind neugierig geworden? Sie möchten wissen, was das für Studieneinheiten sind, wo Sie sie bekommen und wie Sie sie benutzen können?

Zu diesen Fragen möchten wir Ihnen noch einige Informationen geben:

Diese Studieneinheit ist im Rahmen eines Fernstudienprojekts im Bereich DaF/Germanistik entstanden, das das DIFF, die Gesamthochschule Kassel und das Goethe-Institut zusammen durchgeführt haben.

In diesem Projekt werden Fernstudienmaterialien für die fachwissenschaftliche und fachdidaktische Weiterbildung zu folgenden Themenbereichen entwickelt:

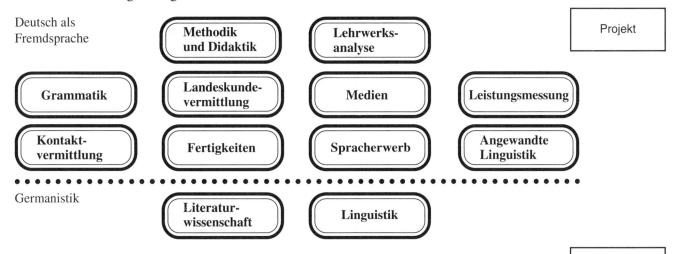

Weitere Studieneinheiten sind in Vorbereitung (Planungsstand 1992) bzw. erschienen:

Deutsch als Fremdsprache

* DaF als Hochschulfach. Eine Einführung. I und II. (R. Ehnert / Co-Autoren, Bielefeld)
* Zur Entwicklung der Methoden des DaF-Unterrichts (H. Hunfeld, Eichstätt / G. Neuner, Kassel)
* Zweit- und Fremdsprachenerwerbstheorien (E. Apeltauer, Flensburg)
* Testen im DaF-Unterricht (G. Albers, Köln/S. Bolton, München)

Literaturwissenschaft

* Einführung in die germanistische Literaturwissenschaft (H. Schmiedt, Köln)
* Literaturgeschichte I: Vom Mittelalter zum Sturm und Drang (H. Kugler, Kassel)
* Literaturgeschichte II: Von der Klassik bis zum Naturalismus (E. Menz, Kassel)
* Literaturgeschichte III: 20. Jahrhundert (H.O. Horch, Aachen)
* Einführung in die Analyse lyrischer Texte (H. Schmiedt, Köln)
* Einführung in die Analyse dramatischer Texte (H. Schmiedt, Köln)
* Einführung in die Analyse erzählender Texte (N.N.)

Linguistik

* Einführung in die germanistische Linguistik (H.O. Spillmann, Kassel)
* Grammatik des deutschen Satzes (W. Köller, Kassel)
* Semantik (R. Müller, Kassel)
* Historische Grammatik (G. Ganser, Trier)
* Textlinguistik (H. Andersen, Flensburg)
* Pragmalinguistik (W. Holly, Trier)
* Fachsprache, Sondersprache (K.-H. Bausch, Mannheim)

Landeskunde

* Landeskunde im Anfangsunterricht (K. van Eunen, Arnhem / H. Lettink, Hoogeveen)
* Kontakte Knüpfen (R. Wicke, Edmonton / Felsberg)

* Wortschatzarbeit und Bedeutungsvermittlung (B. Müller-Jacquier, Bayreuth)
* Landeskunde mit der Zeitung (H. Sölch, Köln)
* Bilder in der Landeskunde (W. Hosch, Tübingen / D. Macaire, Paris)
* Landeskunde und Literaturdidaktik (M. Bischof / V. Kessling, Berlin / R. Krechel, Bangkok)
* Routinen und Rituale in der Alltagskommunikation (H.-H. Lüger, Konstanz)
* Geschichte im Deutschunterricht (I. Bork-Goldfield, Plymouth N.H. / F. Krampikowski, München/ G. Weimann, Tübingen)

Methodik / Didaktik Deutsch als Fremdsprache

* Arbeit mit Lehrwerkslektionen (P. Bimmel, Amsterdam / B. Kast, München / G. Neuner, Kassel / P. Panes, Saloniki)
* Fertigkeit Hörverstehen (B. Dahlhaus, Bochum)
* Fertigkeit Leseverstehen (G. Westhoff, Utrecht)
* Fertigkeit Sprechen (G. Neuf-Münkel / R. Roland, Bonn)
* Fertigkeit Schreiben (B. Kast, München)
* Probleme der Leistungsmessung (S. Bolton / U. Gugg, München)
* Probleme der Wortschatzarbeit (B. Kast, München / B. Müller-Jacquier, Bayreuth)
* Arbeit mit Sachtexten (R. Buhlmann, Madrid / I. Laveau, Bordeaux)
* Arbeit mit literarischen Texten (S. Ehlers, Moskau / B. Kast, München)
* Angewandte Linguistik - eine Einführung für DaF-Lehrer (H. Bolte, Utrecht)
* Einführung in den computergestützten Sprachunterricht (M. Grüner / T. Hassert, München)
* Übersetzen im DaF-Unterricht (F. Königs, Bochum)
* Lehrwerkanalyse (B. Kast, München / H.-J. Krumm, Hamburg)
* Lieder im DaF-Unterricht (U. Lehners, München)
* Video im DaF-Unterricht (D. Arnsdorf, München)
* DaF an Primarschulen (D. Kirsch, München)
* Grammatik lehren und lernen (H. Funk / M. Koenig, Kassel) erschienen 12/91

Adressaten

Die Studieneinheiten wenden sich an:

- Lehrende im Bereich Deutsch als Fremdsprache im Ausland und in Deutschland,
- Germanisten/innen an ausländischen Hochschulen
- Studierende der Germanistik im Bereich Deutsch als Fremdsprache
- Aus- und Fortbilder/innen im Bereich Deutsch als Fremdsprache.

Konzeption/Ziele

Wozu können Sie die Studieneinheiten verwenden?

Je nachdem, ob Sie als Deutschlehrer, Hochschuldozent oder Fortbilder arbeiten oder DaF/Germanistik studieren, können Sie entsprechend Ihren Interessen die Studieneinheiten benutzen, um
- sich persönlich fortzubilden,
- Ihren Unterricht zu planen und inhaltlich zu gestalten,
- Fortbildungs- und Umschulungskurse zu planen und durchzuführen,
- sich auf ein Studium in Deutschland vorzubereiten und
- sich auf eine Weiterqualifikation im Bereich DaF (z.B. Erwerb des Hochschulzertifikats DaF an der GhK) vorzubereiten. (Die GhK bietet die Möglichkeit, bis zu 50% des zweisemestrigen Ergänzungsstudiums DaF auf dem Wege des Fernstudiums anerkannt zu bekommen.)

Arbeitsformen

Wie können Sie die Studieneinheit verwenden?

- Im Selbststudium können Sie sie durcharbeiten, die Aufgaben lösen und mit dem Lösungsschlüssel vergleichen.
- Zusätzlich werden in zahlreichen Ländern in entsprechenden Aus- und Fortbildungsgängen Seminarveranstaltungen und Abschlußtests angeboten.
- Sie können sie als Steinbruch oder kurstragendes Material für Aus- und Fortbildungsveranstaltungen verwenden.

Weitere Informationen erhalten Sie bei:

| Deutsches Institut für Fernstudien an der Universität Tübingen Postfach 1569 7400 Tübingen | Gesamthochschule Kassel Universität FB 9 (Prof.Dr. Gerhard Neuner) Postfach 10 13 80 3500 Kassel | Goethe-Institut München Referat 42 Helene-Weber-Allee 1 8000 München 19 |